MULHERES E PODER

EDIÇÃO REVISTA E AMPLIADA

MULHERES E PODER
UM MANIFESTO

MARY BEARD

Tradução
Celina Portocarrero

Tradução da edição atualizada
Jennifer Koppe

CRÍTICA

Copyright © Mary Beard Publications, 2017, 2023
Copyright de tradução © Celina Portocarrero
Copyright de tradução da edição atualizada © Jennifer Koppe
Título original: *Women & Power*
Copyright © Editora Planeta do Brasil, 2018, 2023
Todos os direitos reservados.

Preparação: Thais Rimkus
Revisão: Isabel Cury, Eliana Rocha, Andréa Bruno e Algo Novo Editorial
Diagramação: Anna Yue e Francisco Lavorini
Capa: Tereza Bettinardi
Adaptação de capa: Camila Senaque

Dados Internacionais de Catalogação na Publicação (CIP)
Angélica Ilacqua CRB-8/7057

Beard, Mary
  Mulheres e poder: um manifesto / Mary Beard; tradução de Jennifer Koppe. –
2. ed. - São Paulo: Planeta do Brasil, 2023.
  144 p.

ISBN: 978-85-422-1933-3
Título original: Women and Power

1. Mulheres 2. Mulheres - História 3. Feminismo 4. Liderança em mulheres 5. Mulheres na política I. Título II. Koppe, Jennifer

23-0400   CDD 305.409

Índice para catálogo sistemático:
1. Mulheres - História

Ao escolher este livro, você está apoiando o manejo responsável das florestas do mundo

2023
Todos os direitos desta edição reservados à
EDITORA PLANETA DO BRASIL LTDA.
Rua Bela Cintra, 986 – 4º andar
01415-002 – Consolação
São Paulo-SP
www.planetadelivros.com.br
faleconosco@editoraplaneta.com.br

Para Helen Morales

SUMÁRIO

Prefácio..... 9

A voz pública das mulheres..... 13
Mulheres no poder..... 55

Posfácio..... 99

Referências e outras leituras..... 115
Agradecimentos..... 123
Lista de imagens..... 125

Índice remissivo..... 133

PREFÁCIO

Não nos esqueçamos de que as mulheres, no Ocidente, têm muito a celebrar. Minha mãe nasceu antes que as mulheres tivessem direito de voto nas eleições parlamentares da Grã-Bretanha, e viveu para ver uma mulher chegar ao posto de primeira-ministra. Fosse qual fosse sua opinião a respeito de Margaret Thatcher, alegrou-se com o fato de uma mulher ter chegado ao número 10[1] e orgulhou-se de ter tido sua cota de participação em algumas das revolucionárias mudanças do século XX. Na contramão das gerações anteriores, conseguiu ter uma carreira, um casamento e uma filha (a gravidez da mãe dela, por exemplo, implicou o fim do trabalho como professora). Foi uma diretora muitíssimo eficiente

---

1. Referência à residência oficial dos(as) primeiros(as)-ministros(as) da Inglaterra, no número 10 da Downing Street. (N. T.)

de uma grande escola primária em West Midlands. Tenho certeza de que ela foi a personificação do *poder* para gerações de meninas e meninos sob sua responsabilidade.

Mas minha mãe também sabia que nem tudo era tão simples, que a verdadeira igualdade entre mulheres e homens era ainda coisa do futuro e que havia motivos tanto de raiva como de celebração. Ela sempre lamentou não ter cursado universidade (e, generosa, alegrou-se quando consegui fazer isso). Com frequência, ficava frustrada por não serem levados a sério, como desejaria, seus pontos de vista e suas palavras. E, embora a metáfora da "barreira invisível" a intrigasse, ela tinha plena consciência de que quanto mais subia na hierarquia profissional menos rostos femininos tinha à sua volta.

Minha mãe surgiu muitas vezes em minha mente quando preparei as duas palestras nas quais se baseia este livro, proferidas, numa parceria com o *London Review of Books*, em 2014 e 2017. Eu queria descobrir como explicar a ela – tanto quanto a mim mesma e a milhões de outras mulheres que ainda vivem algumas das mesmas frustrações – até que ponto estão profundamente incorporados à cultura ocidental os mecanismos que silenciam as mulheres, que se recusam a levá-las a sério e que as afastam (às vezes literalmente, como veremos) dos centros de poder. Esse é um dos pontos em que o mundo dos antigos gregos e romanos ajuda a esclarecer o nosso. No que diz respeito a silenciar as mulheres, a cultura ocidental tem milhares de anos de prática.

A VOZ PÚBLICA DAS MULHERES

Quero começar muito perto do início da tradição da literatura ocidental e do primeiro exemplo registrado de um homem mandando uma mulher "calar a boca" e afirmando que a voz dela não deveria ser ouvida em público. Refiro-me a um momento imortalizado no começo da *Odisseia*, de Homero, há quase 3 mil anos. Tendemos, hoje, a pensar na *Odisseia* apenas como a épica história de Ulisses e as aventuras e enrascadas vividas por ele ao voltar para casa depois da Guerra de Troia – enquanto, por décadas, sua esposa, Penélope, o esperava, leal, repelindo os pretendentes que faziam pressão para se casar com ela. Mas a *Odisseia* é também a história de Telêmaco, filho de Ulisses e Penélope. É a história do seu crescimento e de como, ao longo do texto, ele amadurece, passando de menino a homem. Esse processo surge no primeiro livro do poema, quando Penélope desce de seus aposentos particulares e vai ao grande saguão do palácio, onde um bardo se apresenta perante a multidão de pretendentes; ele canta as dificuldades encontradas pelos heróis gregos ao voltarem para casa. A música não a agrada, e ela, diante de todos, pede-lhe que escolha outro tema, mais feliz. Nesse momento, intervém o jovem Telêmaco:

— Mãe — diz ele —, volte para seus aposentos e retome seu próprio trabalho, o tear e a roca... Discursos são coisas de homens, de todos os homens, e meu, mais que de qualquer outro, pois minha fala é o poder nesta casa.

E lá se vai ela, de volta ao andar de cima.

Há algo um tanto ridículo nesse menino recém-saído das fraldas calando a experiente Penélope, de meia-idade. Mas é uma boa demonstração de que, no ponto em que começam as provas escritas da cultura ocidental, as vozes femininas não eram ouvidas em âmbito público. Mais que isso, na visão de Homero, parte do amadurecimento, no caso do homem, é aprender a assumir o controle do pronunciamento público e silenciar a fêmea da espécie. As próprias palavras ditas por Telêmaco também são significativas. Quando ele diz que "discurso" é "coisa de homem", a palavra

1. Nesse vaso ateniense do século V a.C., Penélope é vista sentada em seu tear (tecer era o símbolo característico de uma boa dona de casa grega). Telêmaco está de pé diante dela.

é *muthos*, mas não no sentido que chegou até nós, de mito. No grego homérico, *muthos* define o discurso público abalizado, não o tipo de conversa, tagarelice ou fofoca a que qualquer pessoa – inclusive as mulheres, ou em especial as mulheres – poderia se dedicar.

O que me interessa é a relação entre esse clássico momento homérico de silenciar uma mulher e alguns dos modos como vozes femininas não são publicamente ouvidas em nossa própria cultura contemporânea e em nossa política, das cadeiras do Parlamento ao chão das fábricas. É uma notória surdez, lindamente parodiada numa velha charge de *Punch*: "Excelente sugestão, srta. Triggs. Talvez um dos homens aqui presentes queira executá-la". Quero refletir sobre como isso pode estar relacionado com o abuso a que, mesmo agora, são submetidas muitas mulheres que realmente *se manifestam*, e uma das questões que me ocorrem é a conexão entre manifestações públicas a favor de uma imagem feminina numa cédula, ameaças de estupro e decapitação via Twitter e a desqualificação de Penélope por Telêmaco.

Meu objetivo aqui é uma visão de longo alcance, de muito longo alcance, da culturalmente constrangedora relação entre a voz das mulheres e a esfera pública

"Excelente sugestão, srta. Triggs.
Talvez um dos homens aqui presentes queira executá-la."

2. Há quase trinta anos, a cartunista Riana Duncan capturou a atmosfera sexista das reuniões de trabalho ou de diretoria. É difícil encontrar uma mulher que tenha aberto a boca numa reunião e não tenha, em algum momento, recebido o "tratamento da srta. Triggs".

de discursos, debates e comentários — política em seu sentido mais amplo, dos comitês empresariais às sessões no Parlamento. Espero que tal visão de longo alcance nos ajude a ir além do simples diagnóstico de "misoginia" em que, com alguma preguiça, tendemos a reincidir. Tudo bem, "misoginia" é uma maneira de descrever o que está acontecendo. (Se uma mulher vai a um programa de debates na televisão e depois recebe uma série de tuítes comparando sua genitália a um sem-número de desagradáveis vegetais podres, é difícil encontrar palavra mais apropriada.) Mas, se quisermos compreender o fato – e fazer alguma coisa a esse respeito – de que as mulheres, mesmo quando não são silenciadas, ainda pagam um preço muito alto para serem ouvidas, precisamos reconhecer que as coisas são um pouco mais complicadas e que há uma longa história por trás de tudo.

A explosão de Telêmaco foi apenas o primeiro caso de uma longa série de tentativas bem-sucedidas que se estenderam por toda a Antiguidade greco-romana não apenas de excluir as mulheres do discurso público, mas também de alardear tal exclusão. No início do século IV a.C., por exemplo, Aristófanes dedicou uma comédia inteira à "hilariante" fantasia de que as mulheres deveriam assumir o controle do Estado. Parte da graça era que as mulheres não sabiam falar adequadamente em público – ou melhor, eram incapazes de adaptar a linguagem pessoal (que, no caso, era amplamente ligada a sexo) ao sublime idioma da política masculina. No mundo romano, *Metamorfoses*, de Ovídio – esse extraordinário épico mitológico sobre pessoas que mudam de forma (e provavelmente a obra literária de maior influência na arte ocidental depois da Bíblia) –, volta por diversas vezes à ideia do silenciamento das mulheres no processo de transformação. A pobre Io é transformada numa vaca pelo deus Júpiter e, assim, não pode falar, só mugir; enquanto a tagarela ninfa Eco é punida de modo que a própria voz nunca mais seja dela mesma, e sim mero instrumento de repetição das palavras alheias. No famoso quadro de Waterhouse, ela olha para seu adorado Narciso, mas é incapaz de conversar com ele, enquanto ele – o "narcisista" original – se apaixonava pela própria imagem no lago.

Um confiável antologista romano do século I d.C. conseguiu reunir apenas três exemplos de "mulheres cuja natureza não era capaz de mantê-las em silêncio no Fórum". Suas descrições são reveladoras.

3. A tela de David Teniers, do século XVII, retrata o momento em que Júpiter entrega a pobre Io, agora transformada em vaca, a sua esposa, Juno – para afastar qualquer suspeita de que seu interesse em Io tivesse sido inadequadamente sexual (quando, é claro, era).

A primeira, uma mulher chamada Mécia, conseguiu, com sucesso, defender-se nos tribunais e "por ter, na verdade, uma natureza masculina por trás de sua aparência feminina, foi chamada de 'andrógina'". A segunda, Afrânia, costumava instaurar pessoalmente processos legais e era "insolente" a ponto de advogar por si mesma, o que fazia com que todos se cansassem de seus "latidos" ou "grunhidos" (ela ainda não tinha direito à "fala" humana). Somos informados de que ela morreu em 48 a.C., porque, "com aberrações antinaturais como essa, é mais importante registrar quando morreram do que quando nasceram".

Há apenas duas exceções no mundo clássico para essa abominação do discurso público feminino. Primeiro, as mulheres têm permissão para se manifestar enquanto vítimas ou mártires, em geral para prefaciar a própria morte. As primeiras mulheres cristãs foram representadas defendendo em voz alta sua fé ao serem jogadas aos leões. E, num célebre caso da história primitiva de Roma, a virtuosa Lucrécia, estuprada por um brutal príncipe da monarquia dominante, recebeu permissão para uma fala, exclusivamente para denunciar o estuprador e anunciar o próprio suicídio (ou assim narraram os escritores

4. Na impressionante versão onírica da cena (pintada em 1903), Eco, seminua, observa, sem palavras, seu "narcisista" preocupado com a própria imagem no lago.

romanos – o que realmente aconteceu, não fazemos ideia). Mas até mesmo essa oportunidade um tanto amarga de fala poderia ser excluída. Um conto em *Metamorfoses* narra o estupro da jovem princesa Filomela. A fim de evitar qualquer denúncia no estilo de Lucrécia, o estuprador simplesmente lhe corta a língua. É uma ideia retomada por Shakespeare em *Tito Andrônico*, texto em que a língua da estuprada Lavínia também é arrancada.

A segunda exceção é mais familiar. Em algumas ocasiões, as mulheres puderam, com legitimidade, se levantar para defender seu lar, seus filhos, seu marido ou os interesses de outras mulheres. Assim, no terceiro dos três exemplos de oratória feminina discutidos por aquele antologista romano, a mulher, de nome Hortênsia, não é condenada por sua atitude porque age explicitamente como porta-voz das mulheres de Roma (e apenas das mulheres), depois de terem as mesmas sido sujeitas a um imposto especial sobre a riqueza para financiar um controvertido esforço de guerra. Em outras palavras, as mulheres podem, em circunstâncias extremas, defender publicamente os próprios interesses setoriais, mas não podem falar pelos homens nem pela comunidade como um todo.

MULHERES E PODER: UM MANIFESTO

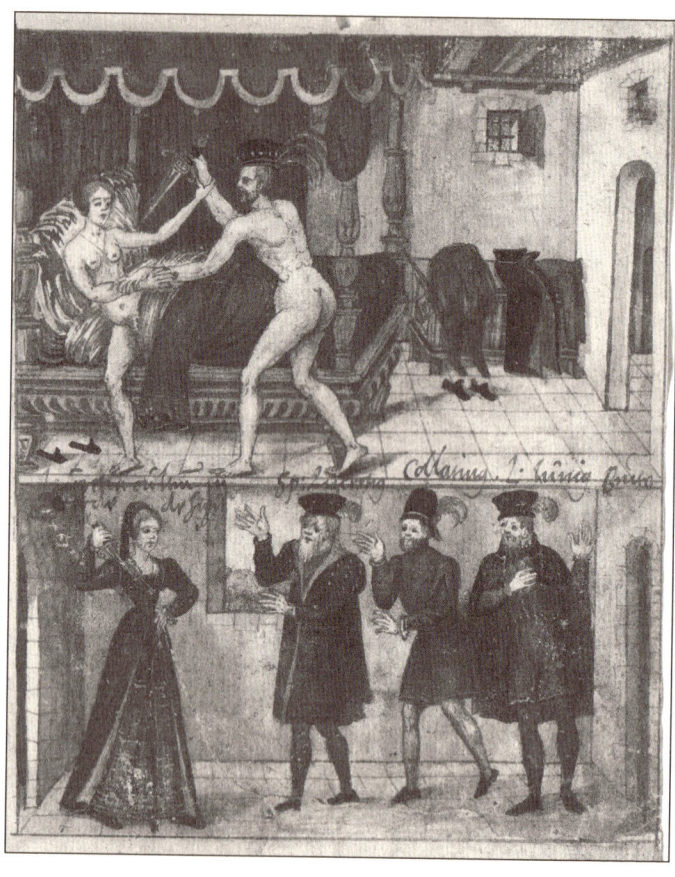

5. Esse manuscrito do século XVI traz os dois episódios-chave da história de Lucrécia. No registro superior, Sexto Tarquínio ataca a mulher virtuosa (as roupas dele estão desconcertantemente arrumadas ao lado da cama); no inferior, Lucrécia, em trajes do século XVI, denuncia o estuprador à família.

6. A versão de Picasso, de 1930, do estupro de Filomela por Tereu.

Em geral, como colocou um guru do século II d.C., "uma mulher deveria, com a mesma modéstia, evitar a exposição de sua voz aos forasteiros tanto quanto teria evitado se despir diante deles".

    Há em tudo isso, entretanto, mais do que veem os olhos. Essa "mudez" não é apenas um reflexo do esvaziamento geral do poder feminino em todo o mundo clássico: nenhum direito de voto, independência legal e econômica limitadas, e assim por diante. Em parte, sim. Sem dúvida, não se esperava das mulheres antigas que levantassem a voz numa esfera política em que não tinham participação formal alguma. Mas estamos lidando com uma exclusão muito mais ativa e intensa das mulheres do discurso público – e com impacto muito maior do que em geral reconhecemos em nossas próprias tradições, convenções e suposições relacionadas à voz feminina. O que quero dizer é que o discurso público e a oratória não eram apenas coisas que as mulheres antigas *não faziam*: eram práticas e habilidades que definiam a masculinidade como gênero. Como vimos com Telêmaco, tornar-se homem (ou pelo menos um homem de elite) era reivindicar o direito de falar. Discursar publicamente era uma – se não *a* – característica que definia a masculinidade. Ou, para citar um famoso chavão romano, o cidadão masculino da elite poderia ser sintetizado como *vir bonus dicendi peritus*, "homem de bem, perito na fala". Na maioria das circunstâncias, uma mulher que falasse em público não era, por definição, uma mulher.

Encontramos, ao longo de toda a literatura antiga, repetida ênfase dada à autoridade da profunda voz masculina, em contraste com a feminina. Como explicita um antigo tratado científico, uma voz grave revela coragem masculina; uma voz fina indica covardia feminina. Outros autores clássicos insistem na ideia de que o tom e o timbre da fala das mulheres sempre ameaçaram subverter não só a voz do orador mas também a estabilidade social e política e a saúde de todo o Estado. Um conferencista e intelectual do século II d.C., com o revelador nome de Dião Crisóstomo (que significa, literalmente, Dião "Boca de Ouro"), pediu à plateia que imaginasse uma situação em que "toda uma comunidade fosse contaminada pela seguinte estranha enfermidade: todos os homens, de repente, teriam vozes femininas e nenhum varão – criança ou adulto – poderia se expressar de forma masculina. Não pareceria essa a praga mais terrível e difícil de suportar? Estou certo de que iriam todos a

7. Hortênsia aparece no compêndio, *Mulheres famosas*, de Baccaccio. Nessa edição do fim do século XV, ela é retratada em trajes da época, corajosamente liderando seu séquito do sexo feminino para confrontar as autoridades romanas.

um santuário, consultar os deuses e tentar apaziguar o poder divino com muitas oferendas". Ele não estava brincando.

Essa não é a ideologia peculiar de alguma cultura distante. Talvez distante no tempo. Mas quero sublinhar que essa é uma tradição do discurso associado ao gênero – e a teorização do discurso relacionado ao gênero – da qual, direta ou, com mais frequência, indiretamente, somos ainda herdeiros. Não exageremos. A cultura ocidental não deve tudo aos gregos e aos romanos, nem em relação à fala nem a qualquer outra coisa (graças aos céus por isso, pois nenhum de nós gostaria de viver num mundo greco-romano). Há em nós todo tipo de influências, diferentes e antagônicas, e nosso sistema político tem alegremente derrubado muitas das certezas de gênero da Antiguidade. Persiste, entretanto, o fato de nossas próprias tradições de debate e discurso público, suas convenções e suas regras, continuarem à sombra do mundo clássico. As modernas técnicas de retórica e persuasão formuladas no Renascimento foram explicitamente recolhidas de antigos discursos e manuais. Nossos próprios termos de análise retórica remontam diretamente a Aristóteles e Cícero (antes da fase Donald Trump, era comum salientar que Barack Obama, ou os redatores dos discursos dele, aprendera seus melhores truques com Cícero). E aqueles cavaleiros do século XIX que conceberam, ou consagraram, a maioria das regras e dos procedimentos parlamentares na Câmara dos Comuns foram educados exatamente segundo aquelas teorias, chavões e preconceitos por mim citados. Repito: não somos apenas vítimas ou joguetes da herança clássica, mas ela nos forneceu um poderoso gabarito para pensar a respeito do discurso público e decidir o que se define como oratória boa ou ruim, persuasiva ou não, e a qual discurso deve ser dado espaço para ser ouvido. E o gênero é, sem sombra de dúvida, parte importante dessa mistura.

Só é preciso lançar um olhar casual às modernas tradições ocidentais de retórica – pelo menos até o século XX – para observar que muitos dos temas clássicos que venho destacando emergem diversas vezes. Mulheres que reivindicam voz pública são tratadas como aberrações andróginas, como Mécia, que se defendeu no Fórum – ou aparentemente tratam a si mesmas como tais. Um caso óbvio é a beligerante fala de Elizabeth I às tropas em Tilbury, em 1588, perante a Armada Espanhola. Em termos que muitos de nós aprendemos na escola, ela parece sem dúvida confessar a própria androginia:

> Sei que tenho o corpo de uma mulher frágil e fraca, mas tenho o coração e as entranhas de um rei – também de um rei da Inglaterra.

Que bizarro slogan para ouvidos de moças. A verdade é que ela talvez jamais tenha dito algo parecido. Não há registro escrito de próprio punho nem pela mão de quem redigia seus discursos, nenhum relatório de testemunha ocular, e a versão canônica vem da carta de um comentarista não confiável, com interesses pessoais, escrita quase quarenta anos depois. Para o propósito aqui, a provável ficcionalidade do discurso torna-o ainda melhor: o interessante é que o homem que escreveu tal carta põe a ostentação (ou a confissão) da androginia na boca da própria Elizabeth.

Olhando de forma mais geral para as modernas tradições da oratória, encontramos as mesmas permissões para que as mulheres falem em público, seja em defesa dos próprios interesses setoriais seja para exibir

8. Imagem da rainha Elizabeth I em Tilbury, reproduzida muitas vezes em livros didáticos britânicos do século XIX. A rainha, em um delicado vestido esvoaçante, está inteiramente cercada por homens e lanças.

sua condição de vítimas. Se pesquisarmos as contribuições femininas incluídas naquelas curiosas coletâneas intituladas "100 grandes discursos da história" e afins, descobriremos que a maioria dos destaques, de Emmeline Pankhurst à fala de Hillary Clinton sobre mulheres na Conferência Mundial das Nações Unidas, em Pequim, versa sobre o destino feminino. Assim talvez seja também o exemplo de oratória feminina mais incluído em antologias, o discurso de 1851, "Não sou uma mulher?", de Sojourner Truth, ex-escravizada, abolicionista e ativista estadunidense pelos direitos da mulher. "E eu não sou uma mulher?", teria ela dito:

> Dei à luz treze filhos, e vi "eles quase tudo" vendido feito escravo, e quando gritei minha dor de mãe, só mesmo Jesus me ouviu! E eu não sou uma mulher?

Eu afirmaria que, por mais importantes que tenham sido essas palavras, são apenas um pouco menos míticas que as de Elizabeth em Tilbury. A versão autorizada foi escrita mais ou menos uma década depois de Truth ter dito o que quer que tenha dito. Foi quando o agora famoso refrão, que ela com certeza não proferiu, foi inserido, e, ao mesmo tempo, suas palavras foram traduzidas para um arrastado sotaque sulista a fim de combinar com a mensagem abolicionista – mesmo que ela fosse do norte e tenha crescido falando holandês. Não quero dizer que as vozes femininas erguidas em defesa de causas femininas não tenham sido, ou não sejam, importantes (*alguém* precisa falar pelas mulheres), mas permanece o fato de que os discursos públicos femininos têm sido, há séculos, mantidos nesse "nicho".

Mesmo a essa permissão, nem sempre as mulheres tiveram acesso – tampouco de forma consistente. Há inúmeros exemplos de tentativas de alienar as mulheres do discurso público, ao estilo de Telêmaco. Um caso famoso e recente foi o silenciamento de Elizabeth Warren no Senado estadunidense – e sua exclusão do debate – quando ela tentou ler uma carta de Coretta Scott King. Imagino que poucas de nós conheçamos as regras do debate senatorial o suficiente para saber até que ponto isso foi, formalmente, justificado. Mas tais regras não impediram que Bernie Sanders e outros senadores (reconhecidamente a favor dela) lessem exatamente a mesma carta e *não* fossem excluídos. E há também inquietantes exemplos literários.

A VOZ PÚBLICA DAS MULHERES

9. Fotografada em 1870, com mais de 70 anos, Sojourner Truth é aqui apresentada com a aparência de qualquer coisa, menos a de radical – em vez disso, vemos uma venerável senhora um tanto sedada.

Um dos temas principais de *Os Bostonianos*, de Henry James, publicado nos anos 1880, é o silenciamento de Verena Tarrant, jovem ativista e porta-voz da campanha feminista. À medida que se aproxima de seu pretendente Basil Ransom (homem dotado, como salienta James, de uma voz rica e profunda), ela se vê cada vez mais incapaz de falar em público, como costumava fazer. Ransom, de fato, reprivatiza sua voz, insistindo que ela só fale com ele: "Guarde para mim suas palavras suaves", diz ele. No romance, é difícil definir o ponto de vista do próprio James – com certeza as leitoras não adoraram Ransom –, mas, em seus ensaios, ele deixa clara sua posição; escreveu sobre o efeito poluente, contagiante e socialmente destrutivo das vozes femininas, em termos que poderiam facilmente ter saído da pena de algum romano do século II d.C. (e é bem provável que tenham sido, em parte, provenientes de fontes clássicas).

Sob a influência das mulheres estadunidenses, insistiu ele, a linguagem corre o risco de se tornar "um murmúrio ou um emaranhado, um rosnado ou lamento mudos"; soará como "o mugido da vaca, o zurro do burro e o latido do cão". (Observem o eco da muda Filomela, o mugido de Io e o latido da oradora no Fórum romano.) James foi um entre muitos. No que equivaleu, à época, a uma cruzada por padrões adequados no discurso americano, outros eminentes contemporâneos elogiaram o doce canto doméstico da voz feminina, enquanto se opunham com firmeza a seu uso no resto do mundo. E houve um sem-número de ataques de raiva relativos aos "estridentes tons anasalados" do discurso público das mulheres, de "zumbidos, grasnados, bufos, lamúrias e relinchos". "Para o bem de nossos lares, nossos filhos, nosso futuro e nossa honra nacional", disse outra vez James, "que não tenhamos mulheres assim!".

É claro que hoje não nos exprimimos em termos tão diretos. Ou não muito. Porque vários aspectos desse tradicional pacote de pontos de vista relativos à inadequação das mulheres para falar em público de modo geral – pacote que, em essência, remonta a dois milênios – ainda estão subjacentes a algumas de nossas próprias premissas e a nosso constrangimento quanto à voz feminina em público. Tomemos a linguagem que ainda usamos para descrever o som do discurso das mulheres, não tão longe de James ou daqueles categóricos romanos. O que se diz das mulheres quando abrem um processo público, quando defendem sua posição, quando se manifestam? "Estridentes", elas "se queixam" e "se lamentam". Depois de uma série de comentários especialmente chulos sobre minha própria genitália na internet, eu tuitei (com muita valentia, achei) que tudo aquilo era um pouco "chocante". Isso foi comentado por um cronista numa tradicional revista britânica nestes termos: "A misoginia é realmente 'chocante', *choramingou* ela". (Tanto quanto consigo saber numa rápida pesquisa no Google, o único grupo acusado de "choramingar" como as mulheres é o de impopulares treinadores de futebol da primeira liga numa maré de azar.)

Essas palavras importam? Claro que sim, porque sustentam um vocabulário que age para solapar a autoridade, a força e até o humor do que uma mulher tem a dizer. Tratam-se de termos que de fato recolocam as mulheres de volta à esfera doméstica (as pessoas "se queixam" de coisas como lavar a louça); trivializam suas palavras, as "reprivatizam". Contraponham o homem de "voz grave e profunda" a todas as conotações evocadas pela simples palavra "profunda". Ainda hoje acontece de, ao escutar uma mulher, o público não ouvir uma voz que transmite autoridade; ou talvez não tenha aprendido a reconhecer nela a autoridade; as pessoas não ouvem *muthos*. E não é só a voz: podemos acrescentar os rostos marcados ou enrugados que sinalizam sabedoria madura no caso de um fulano, mas "data de validade expirada" no caso de uma mulher.

Tampouco a voz da experiência costuma ser ouvida; pelo menos, não fora da esfera tradicional dos específicos interesses femininos. Pois uma mulher membro do Parlamento ser ministra das Mulheres (ou da Educação, ou da Saúde) é muito diferente de ser chanceler do Tesouro, posto que nenhuma mulher jamais ocupou no Reino Unido. E, de modo geral, ainda encontramos tremenda resistência à invasão feminina no tradicional terreno discursivo masculino, sejam as ofensas dirigidas a Jacqui Oatley por ter o descaramento de se afastar da rede de *netball* para se tornar a primeira mulher comentarista do *Match of the Day*, sejam as que podem ser infligidas às mulheres que aparecem em *Question Time*, programa no qual a gama de tópicos discutidos é em geral da alçada do tradicional "mundo político masculino". Pode não ser surpresa que o mesmo cronista que me acusou de "choramingar" queira criar um "pequeno e inocente" concurso para encontrar a "mulher mais burra a se apresentar em *Question Time*". Mais interessante é outra conexão cultural por isso revelada: opiniões impopulares, controversas ou apenas diferentes, quando expressas por uma mulher, são consideradas indicativos de burrice. Não é que você discorda, é que *ela* é burra: "Desculpe, querida, você simplesmente não entende". Já perdi a conta do número de vezes em que fui chamada de "idiota ignorante".

Tais atitudes, pressupostos e preconceitos são intrínsecos a nós: não em nosso cérebro (não há razão neurológica para que ouçamos vozes graves como mais autoritárias que as agudas), e sim em nossa cultura, nossa linguagem e milênios de história. E quando pensamos na sub-representação das mulheres na política nacional e seu relativo silêncio em esfera pública, precisamos pensar mais além do que alguns proeminentes políticos britânicos e seus colegas já fizeram no Oxford Bullingdon Club, mais além do mau comportamento e da cultura "viripotente" de Westminster, até mesmo além das horas de apoio à família e dos cuidados com os filhos (por mais importantes que sejam). Precisamos nos concentrar em problemáticas ainda mais fundamentais de como aprendemos a ouvir as contribuições

10. Jacqui Oatley recebeu um diploma honorário em 2016. Quando, em 2007, ela começou como comentarista esportiva em *Match of the Day*, houve uma explosão de críticas. "Um insulto aos controlados comentários masculinos", disse alguém; "Vou mudar de canal", disse outro.

das mulheres ou voltando por um instante àquela charge do *Punch* – o que eu chamaria de "caso da srta. Triggs". Não apenas em "como ela conseguiu entrar na conversa", mas em como podemos nos tornar mais conscientes de processos e preconceitos que fazem com que não a escutemos.

Algumas dessas mesmas questões de voz e gênero estão em jogo na problemática das provocações e hostilidades – de ofensas e ameaças de morte – expressas on-line. Precisamos tomar cuidado para não generalizar demais os aspectos mais sórdidos da internet. Eles aparecem sob vários aspectos (não são exatamente as mesmas questões no Twitter, por exemplo, e na seção de comentários de um jornal), e ameaças de morte criminosas são completamente diferentes de meras e "desagradáveis" ofensas sexistas. Pessoas de todo tipo são alvos, de pais enlutados de adolescentes mortos a vários tipos de "celebridades". O que é evidente – embora variem as estimativas exatas – é que muito mais homens que mulheres são autores dessas coisas, e eles atacam muito mais as mulheres que os homens. Para que conste (e eu não sofri nada parecido com o que sofreram algumas mulheres), todas as vezes em que falo no rádio ou na televisão recebo algo que se poderia, num eufemismo, chamar de reações "inapropriadamente hostis" – ou seja, mais que merecidas críticas ou até mesmo raiva justificada.

Estou certa de que tais ofensas têm diversas causas. Algumas são de crianças se fazendo de importantes; outras, de gente que bebeu além da conta; outras, ainda, de pessoas que, em algum momento, perderam a autocensura (e que depois podem pedir desculpas). Muitas são mais tristes que cruéis. Quando estou num humor caridoso, acho que muitas vêm de pessoas decepcionadas com as falsas promessas de democratização proclamadas, por exemplo, pelo Twitter. Parecia que essa plataforma nos colocaria diretamente em contato com os que estão no poder e abriria um novo e democrático tipo de conversa. E não é, em absoluto, o que acontece: se tuitarmos para o primeiro-ministro ou para o papa, eles não lerão nossas palavras mais que se lhes enviássemos uma carta – e, na maioria das vezes, o primeiro-ministro nem mesmo escreve o que aparece debaixo do nome dele. Como poderia? (Não tenho certeza quanto ao papa.) Parte das ofensas, desconfio, é um grito de frustração contra essas falsas promessas, direcionado a um alvo conveniente e tradicional ("uma mulher atrevida"). As mulheres, lembremos, não são as únicas a se sentirem "emudecidas".

Quanto mais olhei para ameaças e insultos recebidos por mulheres, mais eles pareceram se enquadrar nos velhos padrões a que fiz menção. Para começar, não importa muito que posição a mulher toma, caso se aventure pelo tradicional território masculino, pois as ofensas chegam de qualquer maneira. Não é *o que* ela diz que as detona, é o simples fato de dizerem. E isso é compatível com os detalhes das próprias ameaças. Elas incluem um cardápio bastante previsível de estupro, bombardeio, assassinato e assim por diante (pode parecer besteira, o que não significa que não seja assustador quando recebido tarde da noite). Mas parte significativa é direcionada para silenciar a mulher. "Cala a boca, sua vaca" é um refrão bastante comum. Ou a promessa de retirar a possibilidade de fala da mulher. "Vou cortar sua cabeça e estuprar ela", dizia um tuíte que recebi. "Headlessfemalepig" [Porcasemcabeça] foi o nome no Twitter escolhido por alguém ameaçando uma jornalista estadunidense. "Sua língua deveria ser arrancada" foi tuitado a outra mulher.

Trata-se, nesses termos brutais e agressivos, de expulsar as mulheres ou mantê-las fora da conversa masculina. É difícil não ver conexão entre essas loucas explosões de raiva no Twitter – a maioria não passa disso – e os homens, na Câmara dos Comuns, interrompendo violentamente o discurso das mulheres parlamentares, em voz tão alta que ninguém mais consegue ouvir o que elas estão dizendo. (Parece que, no Parlamento afegão, eles desconectam os microfones quando não querem ouvir a mulher.) Ironicamente, a bem-intencionada solução muitas vezes recomendada quando as mulheres são receptoras desse tipo de comportamento provoca exatamente o que desejam os ofensores: ou seja, o silêncio delas. O que elas ouvem é: "Não conteste os ofensores. Não lhes dê atenção, pois é isso o que eles querem. Mantenha-se calada e 'bloqueie' o que dizem". Temos aí uma estranha reprise do velho conselho dado às mulheres para "ficarem quietas e calarem a boca", o que resulta no risco de deixar os valentões tomarem conta do play.

Chega de diagnósticos: qual é o remédio eficiente? Como muitas mulheres, eu gostaria de saber. Não deve haver, em lugar algum, um grupo de mulheres, amigas ou colegas, que já não tenha mais de uma ven discutido os aspectos cotidianos de "caso da srta. Triggs", seja no escritório, seja numa reunião de diretoria, seja num seminário na Câmara dos Comuns. Como faço para que ouçam minha opinião? Como faço para que prestem atenção? Como faço para participar da conversa? Estou certa de que alguns homens sentem o mesmo, mas, se há algo comum às mulheres de qualquer origem, de qualquer ideologia política, de qualquer tipo de negócio ou profissão, é a clássica experiência da intervenção malsucedida; você está numa reunião, faz uma observação, segue-se então um breve silêncio e, depois de alguns segundos de constrangimento, algum homem volta ao ponto em que havia parado: "O que eu estava dizendo era...". Você poderia muito bem nunca ter aberto a boca e acaba se culpando tanto quanto culpa os homens do clube exclusivo ao qual parece pertencer a conversa.

Aquelas que conseguem se fazer ouvir adotam, muitas vezes, algum tipo de atitude "andrógina", como Mécia no Fórum ou Elizabeth I em Tilbury, deliberadamente imitando aspectos da retórica masculina. Foi o que aconteceu com Margaret Thatcher quando fez exercícios vocais específicos para tornar sua voz mais grave, a fim de adicionar o tom de autoridade que seus assessores consideravam inexistente em sua voz estridente. Se funcionou, talvez seja grosseiro comentar. Mas todas as táticas desse tipo tendem a fazer as mulheres se sentirem ainda mais excluídas, imitadoras de papéis retóricos que não encaram como seus. Falando sem rodeios, ter mulheres fingindo ser homens pode ser um paliativo, mas não chega ao cerne do problema.

Precisamos refletir com mais profundidade sobre as regras de nossas operações retóricas. Não pretendo repetir o velho refrão de que, "afinal, homens e mulheres falam linguagens diferentes" (se isso acontece, é com certeza porque lhes foram *ensinadas* linguagens diferentes). E eu por certo não pretendo sugerir que adotemos o caminho "homens são de Marte, mulheres são de Vênus" proposto pela psicologia pop. Meu palpite é que, se vamos fazer progressos reais no "caso da srta. Triggs", precisamos voltar a alguns princípios básicos relativos à natureza da autoridade falada, ao que a constitui e a como aprendemos a reconhecer autoridade onde a ouvimos. Mais que empurrarmos as mulheres para aulas de treinamento vocal a fim de obter um tom agradável, profundo, rouco e completamente artificial, devemos pensar melhor nas falhas e nas rachaduras subjacentes ao discurso masculino dominante.

Uma vez mais, pode ser útil dar uma olhada nos gregos e nos romanos. Pois, embora seja verdade que a cultura clássica é em parte responsável por nossas premissas claramente sexistas relativas ao discurso público, o *muthos* masculino e o silêncio feminino, ocorre também que alguns escritores antigos refletiam muito mais que nós a respeito dessas premissas: eram subversivamente conscientes do que estava em jogo, preocupavam-se com sua simplicidade e insinuavam a resistência. Ovídio pode ter sido enfático ao silenciar suas mulheres pela transformação ou pela mutilação, mas também sugeriu que a comunicação poderia transcender a voz humana e que as mulheres não eram silenciadas com tanta facilidade. Filomela perdeu a língua, mas ainda assim conseguiu denunciar seu estuprador ao bordar, numa tapeçaria, o ocorrido (motivo pelo qual a Lavínia de Shakespeare tem as mãos, além da língua, cortadas). Os teóricos retóricos antigos mais astutos dispuseram-se a reconhecer que as melhores técnicas oratórias masculinas de persuasão eram incomodamente semelhantes (em sua opinião) à sedução feminina. Preocupavam-se: seria a oratória tão inabalavelmente masculina?

Um dos casos mais sangrentos expõe com clareza as não resolvidas guerras de gênero subjacentes à antiga retórica e à vida pública. Durante as guerras civis romanas que se seguiram ao assassinato de Júlio Cesar no ano 44 a.C., Marco Túlio Cícero – o mais poderoso debatedor e orador público do mundo romano de todos os tempos – foi linchado. O esquadrão que o atacou levou, triunfante, suas mãos e sua cabeça para Roma e, a fim de que todos vissem, prendeu-as à plataforma dos oradores no Fórum. Conta a história que foi então que Fúlvia, mulher de Marco Antônio, que havia sido vítima de algumas das mais devastadoras polêmicas de Cícero, foi até lá dar uma olhada. Ao ver as partes arrancadas do corpo, tirou os grampos do cabelo e com eles espetou diversas vezes a língua do morto. É uma desconcertante imagem de um dos acessórios característicos do embelezamento feminino, o grampo, usado como arma contra o órgão específico de produção da fala masculina – espécie de Filomela às avessas.

O que saliento aqui é uma antiga tradição intensamente autoconsciente: não uma que desafie de modo direto o modelo básico que venho esboçando, e

MULHERES E PODER: UM MANIFESTO

11. Na surpreendente versão "medieval" de Edward Burne-Jones, de 1896, a emudecida Filomela é retratada diante da tapeçaria que bordou para contar a história de seu estupro.

sim uma determinada a revelar seus conflitos e seus paradoxos e a levantar questionamentos mais importantes quanto à natureza e ao propósito do discurso, masculino ou feminino. Talvez devêssemos seguir esse exemplo e tentar trazer à tona os tipos de questão que tendemos a ignorar – sobre como falamos em público, por que o fazemos e quais vozes se adéquam. O que precisamos é de alguma antiquada e séria conscientização a respeito do que queremos dizer com "voz de autoridade" e de como viemos a construí-la. Precisamos resolver isso antes de descobrir como nós, modernas Penélopes, podemos responder a nossos próprios Telêmacos – ou, se for o caso, apenas emprestar alguns grampos à srta. Triggs.

12. Na década de 1880, Pavel Svedomsky ofereceu uma versão erótica de Fúlvia divertindo-se com a cabeça de Cícero – que ela parece ter levado de volta para casa.

MULHERES
NO PODER

Em 1915, Charlotte Perkins Gilman publicou um divertido mas inquietante conto intitulado *Terra das Mulheres*.[2] Como o nome sugere, trata-se de uma fantasia sobre uma nação de mulheres – e só de mulheres – que existiu há 2 mil anos em alguma remota e ainda inexplorada região do planeta. Essas mulheres vivem numa magnífica utopia: tudo limpo e arrumado, colaborativo, pacífico – lá nem mesmo os gatos matam os pássaros –, organizado com brilhantismo em todos os aspectos, da agricultura sustentável e da comida deliciosa aos serviços sociais e à educação. E tudo isso se apoia numa miraculosa inovação. Bem no começo da história, as mães fundadoras aperfeiçoaram, não se sabe como, a técnica da partenogênese. Os detalhes práticos são um pouco

---

2. *Herland*, no título original. (N. T.)

obscuros, mas de alguma maneira as mulheres só dão à luz meninas, sem nenhuma intervenção dos homens. Não havia sexo na Terra das Mulheres.

O conto fala da ruptura desse mundo quando três homens americanos o descobrem: Vandyck Jennings, o narrador bonzinho; Jeff Margrave, um homem cuja galanteria é quase sua ruína diante de todas aquelas damas; e o realmente terrível Terry Nicholson. Tão logo chegam, Terry se recusa a acreditar que não há por ali homem que dê ordens, porque, afinal de contas, como seria possível imaginar mulheres dirigindo alguma coisa? Quando ele aceita que é exatamente isso o que elas fazem, decide que a Terra das Mulheres precisa é de um pouco de sexo e de dominação masculina. O conto termina com Terry sendo deportado sem nenhuma cerimônia depois que uma de suas propostas de dominação, no quarto, dá bastante errado.

Há, na narrativa, diversos tipos de ironia. Um gracejo que Perkins Gilman desenvolve ao longo de toda a história é que as mulheres simplesmente não reconhecem os próprios feitos. Elas criaram, de modo independente, um Estado exemplar, motivo de orgulho, mas, quando confrontadas por seus três indesejados visitantes do sexo masculino, que se

13. Essa capa de *Herland* captura a estranha fantasia utópica do romance de Gilman – não sem os elementos de racismo e eugenia do começo do século XX.

situam em algum ponto do espectro entre covardes e canalhas, tendem a se submeter à competência, à sabedoria e à perícia masculinas; e ficam um pouco deslumbradas com o mundo masculino exterior. Embora tenham criado uma utopia, acham que estragaram tudo.

Mas *Terra das Mulheres* sublinha questões maiores, relativas a como reconhecemos o poder feminino e quantas histórias, às vezes divertidas, às vezes assustadoras, nos contamos a esse respeito – e nós as contamos, pelo menos no Ocidente, há centenas de anos. Como aprendemos a olhar para as mulheres que exercem, ou tentam exercer, o poder? Quais são os fundamentos culturais da misoginia na política ou no ambiente de trabalho e quais são suas formas (que tipo de misoginia, visando a que ou a quem, usando que palavras ou imagens, e que efeitos produz)? Como e por que as definições convencionais de "poder" (ou de "sabedoria", "perícia" e "autoridade") que trazemos em mente excluem as mulheres?

Felizmente há agora mais mulheres no que podemos concordar serem posições "poderosas" que dez anos atrás, para não dizer cinquenta. Seja como políticas, conselheiras, comissárias de polícia, gerentes, presidentes de empresas, juízas ou no cargo que seja, esse número ainda é minoria – mas é *maior*. (Só para citar um dado, a quantidade de mulheres parlamentares no Reino Unido girava em torno de 4% na década de 1970; hoje são cerca de 30%.) Mas minha premissa básica é que o modelo mental e cultural de uma pessoa poderosa continua a ser absolutamente masculino. Se fecharmos os olhos e tentarmos conjecturar a imagem de um presidente ou – para passarmos ao âmbito do conhecimento – um professor, o que a maioria de nós vê não é uma mulher. E isso é verdade mesmo *quando se trata de* uma mulher nessa função: o estereótipo cultural é tão forte que, no âmbito dessas fantasias de fechar os olhos, ainda é difícil para *mim* imaginar *a mim*, ou alguém como eu, em meu papel. Escrevi os termos "professor desenho animado" na busca por imagens do Google britânico – acrescentei a expressão "desenho animado" para ter certeza de que buscava os imaginários, o modelo cultural, não os da vida real. E fiz a pesquisa no Google britânico para excluir a ligeiramente distinta definição de "professor" nos Estados Unidos. Das cem imagens que surgiram, apenas uma, a da professora Holly, da Fazenda Pokémon, era mulher.

MULHERES E PODER: UM MANIFESTO

14. Angela Merkel e Hillary Clinton vistas juntas em seus uniformes de mulheres políticas.

Em outras palavras, não temos modelo para a aparência de uma mulher poderosa, a não ser que ela se pareça bastante com um homem. Os terninhos regulamentares, ou pelo menos as calças compridas, usados por tantas líderes políticas no Ocidente, de Angela Merkel a Hillary Clinton, podem ser convenientes e práticos; podem ser um sinal da recusa em se tornar uma serva da moda, que é o destino de tantas esposas de políticos; mas são também uma simples tática – como engrossar o timbre da voz – para fazer com que a mulher pareça mais masculina e adequada ao papel de poder. Elizabeth I (ou quem quer que tenha inventado seu discurso) sabia exatamente o que pretendia ao dizer que tinha "o coração e as entranhas de um rei". E foi essa ideia do divórcio entre as mulheres e o poder que tornou tão eficazes as imitações feitas por Melissa McCarthy do então secretário de imprensa da Casa Branca, Sean Spicer, no programa *Saturday Night Live*. Foi dito que tais imitações irritaram o então presidente Trump mais que a maioria das sátiras a seu regime, porque, segundo uma "fonte próxima a ele", "ele não gosta que seu pessoal pareça fraco". Decodifiquem, e o que isso realmente significa é que ele não gosta que seus homens sejam parodiados por e como mulheres. A fraqueza pressupõe o gênero feminino.

Resulta daí que as mulheres são ainda vistas ocupando um lugar fora do poder. Podemos, com sinceridade, querer que façam parte dele ou, de diversas formas muitas vezes inconscientes, considerá-las intrusas quando chegam a posições de poder. (Ainda me lembro de uma época em Cambridge quando, na maioria das faculdades, os banheiros femininos ficavam escondidos entre duas quadras, no fim do corredor e debaixo da escadaria do porão. *Há uma mensagem aqui*, eu pensava.) Sob todos os aspectos, as metáforas habituais que usamos para nos referir ao acesso feminino ao poder – "batendo na porta", "invadindo a cidadela", "quebrando as barreiras" ou apenas dando "um empurrãozinho" – sublinham a exterioridade feminina. As mulheres no poder são vistas como tendo ultrapassado os limites ou se apossado de algo a que não têm direito.

Uma manchete no jornal *The Times* do início de 2017 é um excelente exemplo. Acima de um artigo noticiando a possibilidade de que as mulheres logo poderiam ter acesso ao comissariado da polícia metropolitana, à presidência do Conselho de Administração da BBC e ao bispado de Londres, lia-se: "As mulheres se preparam para tomar o poder na Igreja, na polícia e na BBC". (Cressida Dick, comissária da polícia metropolitana, foi a única a confirmar a previsão.) Claro, os redatores de manchetes são pagos para chamar atenção. Mas, mesmo assim, a ideia de que se poderia apresentar a perspectiva de uma mulher, ao assumir o bispado de Londres, como "tomada de poder" – e de que, provavelmente, milhares e milhares de leitores não ficaram chocados ao ler aquilo – é sinal evidente de que precisamos olhar com mais cuidado para as premissas culturais quanto à relação das mulheres com o poder. Creches nas empresas, horários flexíveis, programas de tutoria e todas essas coisas práticas são ganhos importantes, mas são apenas parte do que precisa ser feito. Se queremos dar a todo o gênero feminino – e não apenas a poucas pessoas específicas – lugar nas estruturas de poder, precisamos pensar com mais afinco em como e por que pensamos como pensamos. Se há um padrão cultural que funciona para descapacitar as mulheres, do que se trata exatamente e onde o adquirimos?

A esta altura, pode ser útil começarmos a pensar no mundo clássico. Com mais frequência do que parecemos, e às vezes de maneira bastante chocante, ainda usamos os antigos termos gregos para formular a ideia das mulheres dentro e fora do poder. Há, à primeira vista, uma impressionante variedade de personagens femininas poderosas no repertório dos mitos e das narrativas gregas. Na vida real, as mulheres antigas não tinham direitos políticos formais e gozavam de pouquíssima independência econômica ou social; em algumas cidades, como Atenas, mulheres casadas e "respeitáveis" da elite raramente eram vistas fora de casa. Mas o drama ateniense em particular e o imaginário grego de modo mais geral ofereceram à *nossa* imaginação uma série de mulheres inesquecíveis: Medeia, Clitemnestra e Antígona, entre tantas outras.

Elas não são, no entanto, modelos de comportamento – longe disso. Na maioria das vezes, são retratadas mais como agressoras que como detentoras de poder. Elas o tomam sem legitimidade, de formas que levam ao caos, à ruptura do Estado, à morte e à destruição. São monstros híbridos que de modo algum são mulheres, no sentido grego. E a lógica inabalável dessas histórias é que devem ser desautorizadas e postas de volta em seus lugares. De fato, são as inquestionáveis trapalhadas feitas pelas mulheres com o poder no mito grego que justificam a exclusão delas desse âmbito na vida real e justificam o papel do homem. (Não posso deixar de pensar que Perkins Gilman de alguma forma parodiou essa lógica quando fez as habitantes da Terra das Mulheres acreditarem que tinham se enganado.)

Voltemos a um dos mais antigos dramas gregos que sobreviveram, o Agamêmnon, de Ésquilo, encenado pela primeira vez no ano 458 a.C., e veremos que sua anti-heroína, Clitemnestra, exemplifica terrivelmente essa ideologia. Na peça, ela se torna a governante efetiva da cidade enquanto o marido está fora, lutando na Guerra de Troia, e, na ocasião, ela deixa de ser mulher. Ésquilo emprega, repetidas vezes, termos masculinos e a linguagem da masculinidade para se referir a ela. Nas primeiras linhas, por exemplo, sua personalidade é descrita como *androboulon* – palavra difícil de traduzir com exatidão, mas que seria algo como "com objetivos viris" ou "pensando como um homem". E, é claro, o poder ilegitimamente tomado por Clitemnestra é usado para fins destrutivos quando ela assassina Agamêmnon no banho depois que ele retorna. A ordem patriarcal só é restaurada quando os filhos de Clitemnestra conspiram para matá-la.

15. A versão estatuária de Clitemnestra, de Frederic Leighton, do fim do século XIX, também realça seu lado masculino, nos braços fortes e no traje unissex.

Há lógica similar nas histórias daquela raça mítica das mulheres amazonas que os escritores gregos afirmavam existir em algum lugar nas fronteiras setentrionais de seu mundo. Um grupo mais violento e militarista que as pacíficas cidadãs da Terra das Mulheres, esse monstruoso regimento sempre ameaçou invadir o mundo civilizado da Grécia e dos homens gregos. Uma imensa quantidade de energia feminista moderna foi desperdiçada na tentativa de provar que tais amazonas já existiram, com todas as sedutoras possibilidades de uma sociedade histórica realmente governada por e para mulheres. Doce ilusão. A dura verdade é que as amazonas foram um mito grego masculino. A mensagem básica era que a única amazona boa era a amazona morta ou – para voltar ao medonho Terry – a que tivesse sido dominada no quarto. O ponto subjacente era ser dever dos homens salvar a civilização do mando das mulheres.

Há, é verdade, exemplos ocasionais em que pode parecer que recebemos uma versão mais positiva do poder feminino antigo. Um caso típico do teatro moderno é a comédia de Aristófanes conhecida pelo nome da principal personagem feminina, *Lisístrata*. Escrita no fim do século V a.C., a peça é ainda uma

16. O conflito entre amazonas e gregos decora um vaso ateniense do século V a.C. As amazonas usam aqui o equivalente antigo dos "macacões" ou estilosas túnicas e meias-calças. Para um observador antigo, esse estilo de indumentária remetia aos inimigos dos gregos na vida real: os persas.

17. Amor à última vista. Nesse vaso ateniense do século VI a.C., o herói grego Aquiles mata Pentesileia, rainha das amazonas – quando ele a fere com a lança, os dois se apaixonam. Tarde demais.

escolha popular porque parece ser uma perfeita mistura de clássico pretensioso, feminismo agressivo, um programa de "parem a guerra" e uma boa pitada de obscenidade (e foi traduzida por Germaine Greer). É a história de uma greve de sexo, ambientada não no mundo mitológico, mas no mundo contemporâneo da antiga Atenas. Sob a liderança de Lisístrata, as mulheres tentam obrigar os maridos a dar fim à longa guerra com Esparta, recusando-se a dormir com eles até que o façam. Os homens passam a maior parte do espetáculo com ereções imensamente inconvenientes (o que tende agora a causar alguma dificuldade e hilaridade para os figurinistas). Por fim, incapazes de suportar por mais tempo aquele estorvo, eles cedem às exigências das mulheres e decretam a paz. O auge do poder das garotas, podemos pensar. Atena, a divindade padroeira da cidade, é também muitas vezes apresentada pelo viés positivo. O simples fato de ser ela uma fêmea não sugere uma versão mais sutil da esfera imaginária da influência feminina?

Receio que não. Se arranharmos a superfície e voltarmos ao contexto do século V, *Lisístrata* parece bem diferente. Não apenas porque a plateia e o elenco originais eram constituídos, de acordo com a

18. Nesse cartaz para uma produção de Lisístrata, em 2015, a famosa imagem de "Rosie, a rebitadeira" é apresentada como a de uma clássica mulher grega para dar um toque feminista.

19. As ereções dos homens famintos por sexo em *Lisístrata* foram muitas vezes um problema para as produções modernas. Eis a solução de uma versão recente: um frasco alongado.

convenção ateniense, exclusivamente por homens – é provável que as personagens femininas fossem apresentadas como damas de pantomima. Há também o fato de que, no fim, a fantasia do poder feminino é firmemente silenciada. Na última cena, o processo de paz consiste em levar ao palco uma mulher nua (ou um homem fantasiado de mulher nua), que é usada como se fosse um mapa da Grécia e metaforicamente dividida de modo constrangedor e pornográfico entre os homens de Atenas e os de Esparta. Não há aí muito protofeminismo.

Quanto a Atena, é verdade que, naqueles gráficos binários dos antigos deuses e deusas gregas que aparecem nos modernos livros didáticos ("Zeus, rei dos deuses; Hera, esposa de Zeus"), ela aparece no lado feminino. Mas o que há de crucial a seu respeito no antigo contexto é que ela é mais um daqueles híbridos complicados. No sentido grego, ela não é, de modo algum, uma mulher. Para começar, está vestida como um guerreiro, e a luta era função exclusiva dos homens (esse é um problema também subjacente em relação às amazonas, é claro). Além disso, é virgem, quando a razão de ser do sexo feminino seria procriar novos cidadãos. E ela nem sequer nasceu de uma mãe,

20. Essa miniatura da estátua romana da deusa Atena no Parthenon captura seu aspecto masculino, do escudo e do peitoral à imagem da vitória (militar) na mão. No centro do peitoral está a cabeça de Medusa.

mas diretamente da cabeça de seu pai, Zeus. Era quase como se Atena, mulher ou não, oferecesse um vislumbre de um mundo masculino ideal, no qual as mulheres poderiam não apenas ser mantidas em seu lugar mas também inteiramente dispensadas.

A questão é simples, mas importante: até onde podemos recuar na história ocidental, há uma separação radical – real, cultural e imaginária – entre as mulheres e o poder. Mas há um item da vestimenta de Atena que traz tal fato diretamente para nossa atualidade. Em muitas imagens da deusa, bem no centro de sua armadura, fixada no peitoral, há a imagem de uma cabeça feminina com serpentes retorcidas à guisa de cabelos. É a cabeça de Medusa, uma das três irmãs mitológicas conhecidas como Górgonas e um dos maiores símbolos antigos do domínio masculino sobre os perigos destrutivos representados pela simples possibilidade do poder feminino. Não é por acaso que a vemos decapitada – sua cabeça ostentada com orgulho como acessório por essa divindade feminina decididamente não feminina.

Há diversas variantes antigas da história de Medusa. Uma versão famosa a apresenta como uma bela mulher violentada por Poseidon num templo de Atena, que prontamente a transformou, como punição pelo sacrilégio (atentem que a punição foi a *ela*), numa criatura monstruosa com o poder mortal de fazer virar pedra quem quer que olhasse para seu rosto. Mais tarde, foi atribuída ao herói Perseu a tarefa de matar essa mulher, e ele lhe cortou a cabeça usando seu brilhante escudo como espelho para, assim, evitar olhar diretamente para ela. No começo, ele usou a cabeça como arma, pois esta, mesmo depois de morta, conservava o poder de petrificar. Presenteou-a depois a Atena, que passou a ostentá-la na própria armadura (uma mensagem clara: tome cuidado para não insistir em olhar diretamente para a deusa).

Não precisamos de Freud para perceber tais cachos ofídicos como uma implícita afirmação do poder fálico. Esse é o mito clássico em que a dominação do macho é violentamente reafirmada contra o poder ilegítimo da mulher. E, no Ocidente, a literatura, a cultura e a arte têm voltado repetidas vezes ao mesmo tema. A cabeça sangrenta de Medusa é uma visão familiar nas modernas obras-primas, com frequência carregada de questões quanto ao poder do artista de representar um objeto para o qual ninguém deveria olhar. Em 1598, Caravaggio fez uma extraordinária versão da cabeça

21. Num fantástico tipo de parto, nesse vaso ateniense do século VI a.C., Atena é vista sendo parida pela cabeça de Zeus, enquanto deuses e deusas observam. A aparente loucura do mito grego revela aqui um ponto importante e constrangedor: num mundo perfeito, não se precisaria de mulheres nem para procriar.

decapitada com o próprio resto, segundo afirmam, gritando de horror, jorrando sangue, com as serpentes ainda se contorcendo. Algumas décadas antes, Benvenuto Cellini fez uma grande estátua de bronze de Perseu, que ainda está na Piazza della Signoria, em Florença: o herói é representado pisoteando o cadáver mutilado de Medusa e segurando no ar a cabeça, mais uma vez jorrando sangue.

O surpreendente é que essa decapitação continue até hoje a ser um símbolo cultural da oposição ao poder feminino. O rosto de Angela Merkel foi inúmeras vezes superposto à imagem de Caravaggio. Num dos ataques mais tolos desse tipo, uma coluna na revista da Federação de Polícia chamou Theresa May, então secretária de Estado, de "Medusa da virgindade". "A comparação com a Medusa pode ser um pouco forte", reagiu o *Daily Express*, pois "todos nós sabemos que a sra. May tem cabelos lindamente penteados". Em 2017, uma caricatura que circulou na conferência do Partido Trabalhista representava uma imagem da "Maydusa", com cobras e tudo. Mas a sra. May se saiu bem em comparação a Dilma Rousseff, cuja sorte foi bem pior quando era presidente do Brasil e precisou inaugurar uma grande exposição

22. Triunfalismo heroico ou misoginia sádica? Na estátua de Benvenuto Cellini, Perseu segura a cabeça cortada de Medusa enquanto pisoteia o corpo morto dela. Faz contraponto com a escultura logo atrás: o herói grego Aquiles sequestrando com violência uma princesa troiana.

do Caravaggio em São Paulo. A Medusa, é claro, lá estava, e Rousseff, de pé na frente do quadro, revelou uma irresistível oportunidade de foto.

É com Hillary Clinton, entretanto, que vemos o tema de Medusa em seu aspecto mais gritante e sórdido. Como era previsível, os partidários de Trump produziram um grande número de imagens mostrando-a com cachos ofídicos. Mas a mais terrível e memorável de todas adaptava um bronze de Cellini, muito mais impactante que a obra de Caravaggio, porque não era apenas uma cabeça: incluía também o heroico macho adversário e destruidor. Tudo o que precisaram fazer foi superpor o rosto de Trump ao de Perseu e dar à cabeça cortada as feições de Hillary Clinton (em nome do bom gosto, imagino, foi omitido o corpo mutilado pisoteado por Perseu). É verdade que, se esquadrinharmos alguns dos nichos mais obscuros da internet, poderemos encontrar algumas imagens bastante desagradáveis de Obama. É também verdade que, num quadro satírico de um programa da televisão estadunidense, foi exibida uma falsa cabeça cortada do próprio Trump, mas, nesse caso, a consequência foi que a comediante que a segurava perdeu o emprego.

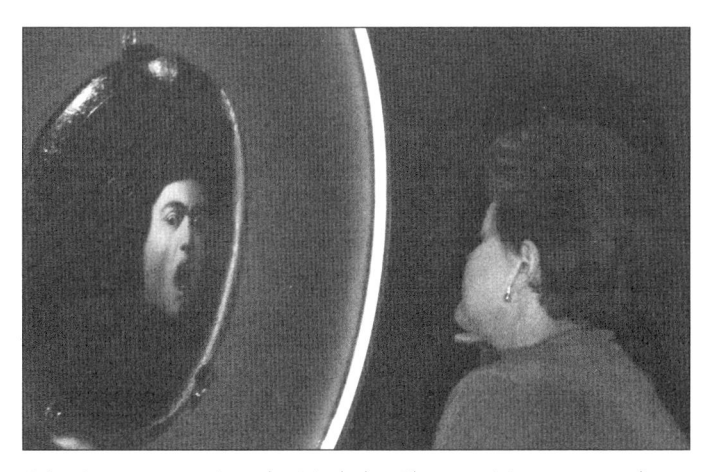

23. Assim como Angela Merkel e Theresa May, a presidente Dilma Rousseff foi comparada à Medusa de Caravaggio.

Em contrapartida, a cena de Perseu-Trump brandindo a cabeça ensanguentada e gotejante de Medusa-Clinton tornou-se parte do universo doméstico decorativo do cotidiano da população. Era possível comprá-la em camisetas e regatas, em canecas, capas de laptop e sacolas (às vezes com a palavra TRIUMPH, às vezes TRUMP). Pode ser necessário algum tempo para assimilarmos essa normalização da violência sexual, mas, se por acaso houver dúvida quanto até que ponto a exclusão das mulheres do poder está culturalmente absorvida ou quanto à influência consolidada dos métodos clássicos de formulá-la ou justificá-la, apresento-lhes Trump e Clinton, Perseu e Medusa, e está encerrado o assunto.

É claro que não basta encerrar o assunto sem dizer o que de fato poderíamos fazer a esse respeito. O que seria preciso para modificar o lugar das mulheres no âmbito do poder? Penso que, neste ponto, devemos distinguir a perspectiva individual da geral, mais comum. Se olharmos para algumas das mulheres que "chegaram lá", veremos que as táticas e as estratégias por trás de seu sucesso não se limitam a meras

24. A cabeça de Medusa, de Caravaggio, foi replicada inúmeras vezes para "decapitar" mulheres políticas. Aqui, Angela Merkel e Hillary Clinton recebem o tratamento de Medusa.

25. Lembranças incômodas? Os partidários de Donald Trump na eleição presidencial dos Estados Unidos de 2016 podiam escolher entre várias imagens clássicas. Nenhuma foi mais impactante que a representação de Trump, como Perseu, decapitando Hillary Clinton, como Medusa.

imitações das atitudes masculinas. Algo que muitas dessas mulheres têm em comum é a capacidade de usar a seu favor os símbolos que em geral enfraquecem o poder feminino. Margaret Thatcher parece ter feito isso com suas bolsas, tanto que, com o tempo, o uso do acessório feminino mais estereotipado transformou-se numa expressão de poder político: como em "dar uma bolsada". Numa escala incomparavelmente menor, fiz algo parecido quando fui a minha primeira entrevista para um emprego acadêmico, por acaso no apogeu da era Thatcher. Comprei uma meia-calça azul especialmente para a ocasião. Não era minha preferência habitual em termos de moda, mas a lógica fazia sentido: "Se vocês, entrevistadores, vão pensar que sou uma sabichona metida a intelectual,[3] deixem-me mostrar-lhes que eu *sei* que é isso que vocês estão pensando e que já vim sabendo".

Voltando a Theresa May, ainda é cedo demais para afirmar, e há uma crescente possibilidade de que um dia olhemos para trás e a vejamos como uma mulher que foi colocada – e mantida – no poder para

---

3. No original, *bluestocking*, expressão pejorativa que literalmente se traduz por meias azuis, mas cujo significado é "sabichona" ou "intelectual pedante". (N. T.)

MULHERES E PODER: UM MANIFESTO

26. Margaret Thatcher "dá uma bolsada" em um dos ministros, o infeliz Kenneth Baker.

que falhasse. (Estou fazendo um enorme esforço para não compará-la a Clitemnestra.) Mas tenho a impressão de que sua "mania de sapatos" e aqueles saltinhos finos e baixos são uma das maneiras de mostrar recusa a se encaixar no padrão masculino. Ela é também bastante boa, como foi Thatcher, em explorar os pontos fracos no arsenal do tradicional poder masculino do Tory.[4] O fato de não fazer parte do mundo dos garotos sociáveis, de não ser "um dos rapazes", ajudou-a algumas vezes a abrir um caminho independente para si mesma. Com a exclusão, ela ganhou poder e liberdade. E é famosa sua alergia a *mansplaining*.[5]

Muitas mulheres poderiam compartilhar perspectivas e truques como esse. Mas as grandes questões que tento enfrentar não se resolvem com dicas de como explorar o *status quo*. Também não acredito que a paciência seja a resposta, mesmo que seja quase

---

4. O partido conservador britânico. (N. T.)

5. Junção das palavras *man* ("homem") e *explaining* ("explicar"), o termo *mansplaining* define a situação em que um homem explica algo óbvio a uma mulher, de forma didática, desmerecendo a capacidade de compreensão dela ou de seu conhecimento sobre o assunto. (N. T.)

corta a mudança gradual. Na verdade, considerando que as mulheres do Reino Unido só têm direito de voto há cem anos, não deveríamos nos esquecer de nos felicitarmos pela revolução que todos nós, homens e mulheres, conquistamos. Dito isso, se eu tiver razão quanto às profundas estruturas culturais que legitimam a exclusão feminina, é provável que o gradualismo demore demais – pelo menos para mim. Precisamos refletir melhor a respeito do que é o poder, para que serve e como é medido. Em outras palavras, se as mulheres não são vistas como totalmente pertencentes às estruturas do poder, não é o poder que precisamos redefinir em vez das mulheres?

Até agora, ao refletir sobre o poder, tenho seguido o caminho habitual das discussões desse tipo, concentrando-me na política e nos políticos nacionais e internacionais – aos quais poderíamos somar, por precaução, alguns grupos de presidentes de empresa, jornalistas proeminentes, executivos de canais de televisão, e assim por diante. Isso oferece uma visão muito estreita do que é o poder, correlacionando-o em grande parte com prestígio público (ou, em alguns casos, notoriedade pública). É muito "altas esferas", num sentido bem tradicional e vinculado à imagem da "barreira invisível" do poder, que não só posiciona as mulheres do lado de fora do poder como também visualiza a pioneira feminina como a já bem-sucedida supermulher com apenas uns poucos vestígios do preconceito masculino que a impede de chegar ao topo. Não acredito que esse modelo funcione para muitas mulheres que, mesmo não pretendendo ser presidente dos Estados Unidos nem de alguma empresa, aspiram a uma posição de poder. E com certeza não atraiu, em 2016, número suficiente de eleitores estadunidenses.

Mesmo que restrinjamos nossa visão aos escalões superiores da política nacional, a questão de como julgamos o sucesso feminino nessa área é ainda complicada. Há inúmeros rankings que traçam a proporção de mulheres nas assembleias legislativas nacionais. No topo está Ruanda, onde mais de 60% dos membros dos órgãos legislativos são mulheres, enquanto a posição do Reino Unido está quase cinquenta colocações abaixo, com cerca de 30%. Surpreendentemente, o Conselho Nacional da Arábia Saudita tem uma proporção maior de mulheres que o Congresso dos Estados Unidos. É difícil não lamentar alguns desses números e aplaudir outros, e muita coisa foi bem-feita em relação ao papel das mulheres depois da guerra civil em Ruanda. Mas eu me pergunto se, em alguns lugares, a presença de um grande número de mulheres no Parlamento significa que lá seja o lugar onde o poder *não está*.

Suspeito também que não estejamos sendo muito honestos quanto ao que *esperamos* das mulheres nos parlamentos. Diversos estudos apontam para o papel das políticas na promoção de legislações em benefício dos interesses femininos (em assistência à infância, igualdade salarial e violência doméstica, por exemplo). Um relatório da Fawcett Society sugeriu, há pouco tempo, uma analogia entre o equilíbrio de 50/50 entre mulheres e homens na Assembleia galesa e o número de vezes em que as "questões femininas" foram levantadas. Não quero, de modo algum, me queixar quanto à assistência à infância e ao restante receberem uma justa visibilidade, mas não acho que tais coisas devam continuar a ser percebidas como "questões femininas" nem que sejam essas as razões pelas quais queremos mais mulheres no Legislativo. Tais razões são muito mais básicas: é incontestavelmente injusto manter as mulheres de fora, sejam quais forem os recursos inconscientes que usemos; e simplesmente não podemos nos dar ao luxo de continuar sem a experiência feminina, seja em tecnologia, seja em economia, seja em assistência social. Se isso significa que menos homens entrem para o Legislativo, o que é provável – mudanças sociais sempre resultam em perdedores e vencedores –, fico feliz em encarar tais homens.

Mas isso ainda é tratar o poder como algo elitista, acoplado ao prestígio público, ao carisma individual da assim chamada "liderança" e, muitas vezes, embora não sempre, a algum grau de celebridade. É também tratar o poder com uma visão muito estreita, como um objeto de posse que apenas alguns poucos – na maioria, homens – podem ter ou empunhar (é exatamente isso o que é sintetizado pela imagem de Perseu, ou Trump, brandindo sua espada). Nesses termos, as mulheres como gênero – não como pessoas – são, por definição, excluídas. Não se pode, com facilidade, inserir as mulheres numa estrutura que já está codificada como masculina; é preciso mudar a estrutura. Isso significa pensar no poder de outra maneira. Significa dissociá-lo do prestígio público. Significa pensar de forma colaborativa, pensar no poder dos seguidores, não apenas dos líderes. Significa, mais que tudo, pensar no poder como um atributo ou mesmo como um verbo, não como posse. O que tenho em mente é a capacidade de ser eficaz, de fazer diferença no mundo e o direito de sermos levadas a sério, tanto juntas quanto sozinhas. É esse tipo de poder que muitas mulheres sentem não ter – e ao qual aspiram. Por que a ressonância popular do termo *mansplaining* (apesar da profunda aversão que a palavra desperta em muitos homens)? Ele cala fundo em nós porque traduz exatamente o que é *não se sentir levado(a) a sério*: mais ou menos como me senti quando queriam me dar aulas de história romana no Twitter.

Deveríamos, então, ser otimistas em relação à mudança quando pensamos no que é o poder, no que ele é capaz de fazer e no engajamento das mulheres? Talvez devêssemos ser um pouco. Impressiona-me, por exemplo, o fato de que um dos movimentos políticos mais influentes dos últimos anos, o Black Lives Matter,[6] tenha sido fundado por três mulheres; poucos entre nós, acredito, reconheceríamos o nome delas, mas, juntas, elas tiveram o poder de mudar o rumo das coisas.

---

6. Vidas Negras Importam. (N. T.)

27. Não há necessidade de ser celebridade para fazer a diferença. Poucas pessoas sabem o nome das mulheres fundadoras do Black Lives Matter: Alicia Garza, Patrisse Cullors e Opal Tometi.

Mas o quadro geral é um tanto mais sombrio. Não chegamos nem perto de subverter aquelas primeiras histórias de poder que servem para manter as mulheres fora dele e usá-las em nosso próprio proveito, como fez Thatcher com sua bolsa. Mesmo que eu tenha sido pedante ao protestar contra *Lisístrata* ser encenada como se tratasse do poder feminino – embora talvez fosse exatamente assim que *deveríamos* encená-la agora. E, apesar das reconhecidas tentativas feministas, ao longo dos últimos cinquenta anos ou mais, de resgatar Medusa para o poder feminino ("Rindo com Medusa", como colocou o título de uma recente coleção de ensaios) – sem falar do seu uso como a logomarca de Versace –, não houve diferença alguma na maneira como ela tem sido usada em ataques a mulheres políticas.

O poder dessas narrativas tradicionais é muito bem capturado, embora com um viés fatalista, por Perkins Gilman. Pois há uma continuação de *Terra das Mulheres* na qual Vandyck decide escoltar Terry de volta para casa em Ourland,[7] levando com ele sua esposa, Ellador; o título é *With Her in Ourland*.[8]

---

7. Nossa terra. (N. T.)

8. "Com ela em nossa terra." (N. T.)

28. A capa de uma edição recente de *With Her in Ourland* dá uma dica de como as mulheres de Herland poderiam ser domesticadas num mundo de poder masculino.

Na verdade, Ourland não faz muito boa figura, até porque Ellador é apresentada a ela no meio da Primeira Guerra Mundial. Em pouco tempo, o casal, tendo abandonado Terry, decide voltar para a terra natal. Agora, Van e Ellador esperam um bebê, e – como talvez tenham adivinhado – as últimas palavras dessa segunda novela são: "Em boa hora, nasceu para nós um menino". Perkins Gilman deve ter se dado conta de que não havia necessidade de continuação. Qualquer leitor sintonizado com a lógica da tradição ocidental seria capaz de prever exatamente quem estaria no comando da Terra das Mulheres cinquenta anos depois: aquele menino.

POSFÁCIO
DAS PALESTRAS AO LIVRO — E O DIREITO DE ESTAR ERRADA

Transformar palestras em material impresso permanente pode ser complicado. Até que ponto recuamos, repensamos e polimos o texto? Até que ponto procuramos manter o espírito, e talvez as arestas, do momento em que aquelas palavras foram proferidas? Aproveitei a oportunidade para algumas ligeiras atualizações. Barack Obama ainda era presidente em 2014, quando fiz a palestra que se transformou no primeiro capítulo deste livro, e o mandato de Theresa May tinha um formato bastante diferente quando fiz a segunda palestra, em março de 2017 (e meu comentário casual quanto a ela ter sido colocada no poder "para que falhasse" – que *estava* na versão original – talvez tenha sido mais profético do que eu imaginava). Mas resisti à tentação de fazer mudanças drásticas, introduzir novos temas ou desenvolver algumas ideias aqui superficialmente abordadas. Eu gostaria de, no futuro, refletir mais a respeito de exatamente *como* lidar com a reconfiguração dessas ideias de "poder" que agora só não deixam de fora umas poucas mulheres; e gostaria de tentar afastar a própria noção de "liderança" (em geral masculina), hoje considerada essencial para as instituições bem-sucedidas, de escolas e universidades a empresas e ao governo. Mas isso fica para outro dia.

Se desejarem exemplos mais recentes do tipo de abuso de mulheres que tenho discutido, há inúmeros, fáceis de achar on-line. Os *trolls*[9] não são particularmente imaginativos nem sutis, e as avalanches no Twitter tendem a ser todas parecidas. Mas há, em poucas ocasiões, ângulos novos ou reveladores das comparações a serem feitas. Fiquei muito impressionada – durante e logo após as eleições gerais no Reino Unido, no verão de 2017 – com as duas desastrosas entrevistas radiofônicas dadas pela deputada trabalhista Diane Abbott e pelo conservador Boris Johnson. Abbott desmoronou ao falar do custo da política de seu partido com recrutamento policial – saindo-se, a certa

---

9. Provocadores que deliberadamente postam mensagens nas redes sociais com a intenção de causar discussão ou polêmica. (N. T.)

altura, com números que sugeriam que cada novo oficial receberia cerca de 8 libras por ano. Johnson demonstrou semelhante constrangedora ignorância e tropeços em alguns dos principais compromissos do novo governo; não parecia fazer ideia das políticas do partido relativas à discriminação racial no sistema de Justiça penal ou ao acesso ao ensino superior. A causa desses "desmoronamentos" não é a questão principal (Abbott estava sem dúvida despreparada, na época). O impressionante foi a diferença entre as reações, on-line e em outros lugares.

No mesmo instante começou a "temporada de caça" a Abbott, ridicularizada como "babaquara", "gorda idiota", "cabeça oca imbecil" e coisa muito pior, com mais que respingos de racismo jogados em cima dela (ela é a mais antiga parlamentar negra da Grã-Bretanha). Interpretada de forma bem-educada, a mensagem era de que ela simplesmente não estava à altura da função. Johnson também foi alvo de inúmeras críticas, mas num estilo bem diferente. Sua entrevista foi considerada mais como um exemplo de rebeldia imatura: ele deveria se controlar, deixar de ser arrogante, concentrar-se e dominar melhor suas tarefas. Em outras palavras, faça melhor da próxima vez. O objetivo dos agressores de Abbott (minado, como se viu, quando ela foi reeleita por mais votos e indiscutível maioria) era garantir que ela não tivesse "próxima vez".

Sejam quais forem as opiniões a respeito de Abbott e Johnson, é interessante que diferentes tipos de padrões tenham sido exibidos. Não se trata apenas do fato de que chegar ao sucesso seja mais difícil para as mulheres; elas são tratadas com muito mais rigor sempre que cometem algum erro. Pensem em Hillary Clinton e naqueles e-mails. Se eu fosse recomeçar este livro a partir do zero, encontraria mais espaço para defender o *direito de errar*, pelo menos de vez em quando.

Não tenho certeza de poder encontrar um paralelo clássico para isso. Felizmente, nem tudo o que fazemos ou pensamos remonta direta ou indiretamente a gregos e romanos; e muitas vezes me vejo insistindo que não há lições simples para nós na história do antigo mundo. Não precisávamos dos tristes precedentes romanos na região para saber que a moderna intervenção militar ocidental no Afeganistão e no Iraque poderia ser má ideia. O "colapso" do Império Romano no Ocidente tem pouco a nos dizer em relação a altos e baixos da moderna geopolítica. Dito isso, prestar mais atenção na Grécia e em Roma ajuda-nos a prestar mais atenção em nós mesmos e a compreender melhor como aprendemos a pensar como pensamos.

Há ainda muitas razões para que nos interessemos pela *Odisseia* de Homero, e seria um crime cultural se a lêssemos apenas para investigar as fontes da misoginia ocidental; trata-se de um poema que explora, entre outras coisas, a natureza da civilização e da "barbárie", da volta ao lar, da fidelidade e do pertencimento. Mas, ainda assim – como espero que este livro demonstre –, a repreensão de Telêmaco à mãe, Penélope, quando ela se atreve a abrir a boca em público, é algo que continua a ser reencenado, com excessiva frequência, no século XXI.

Do livro ao #MeToo – e reflexões sobre a cultura do estupro

As palavras do posfácio anterior foram aquelas com as quais concluí e mandei para a gráfica a primeira edição deste livro. Isso aconteceu no fim de setembro de 2017, antes do #MeToo se tornar a hashtag mais famosa do mundo, época em que, para a maioria das pessoas, Harvey Weinstein não passava de um bem-sucedido produtor de cinema. Quando *Mulheres e poder* foi publicado, questões referentes à cultura do estupro e a assédio sexual estavam sendo discutidas de forma mais pública e intensa do que nunca.

Um ano depois, eu me vejo concluindo esta obra outra vez, poucos dias depois do forte e comovente testemunho de Christine Blasey Ford ao Comitê Judiciário do Senado dos Estados Unidos, considerando Brett Kavanaugh para a Suprema Corte do país. Enquanto escrevo, ainda não se sabe se Kavanaugh será de fato indicado.[10] E é muito cedo para mensurar o impacto de longo prazo do movimento Me Too. Encontro-me dividida entre o otimismo e o pessimismo resignado. Sem dúvida espero que um dia as pessoas olhem para o outono de 2017 como o momento que deu início a uma revolução social e sexual. Do teste do sofá às apalpadelas

---

10. Em 16 de outubro de 2018, Brett Kavanaugh se tornou membro oficial da Suprema Corte Americana. Hoje o voto de Kavanaugh pode ser decisivo para a mudança de posição da Corte em relação a demandas históricas dos movimento civil e de mulheres dos Estados Unidos, como o aborto e o casamento entre pessoas do mesmo sexo. Disponível em: https://g1.globo.com/mundo/noticia/2018/10/06/brett-kavanaugh-toma-posse-como-juiz-da-corte-suprema-dos-eua.ghtml. Acesso em: 20 jan. 2023.

atrás da fotocopiadora do escritório, de Nova York a Nairóbi, o espírito do Me Too tem força para garantir que as mulheres não permaneçam caladas diante desse tipo de abuso. Tão importante quanto, o movimento também pode servir de alerta para homens – quer dizer, para *alguns* homens, é claro, pois muitos ficam tão horrorizados com o que foi alegado quanto a maioria das mulheres. Tudo isso pode representar um freio à cultura do estupro, uma barreira que impeça homens de tentar trocar favores por um pouco de sexo insatisfatório, de enfiar a língua em lábios relutantes, de tratar o sexo como um privilégio que vem com o poder.

No entanto, converter uma hashtag em ação pode ser mais difícil do que imaginávamos. Em meus pensamentos mais sombrios, temo que acabemos olhando para o Me Too como o glorioso arauto de uma revolução que nunca aconteceu, mesmo que as coisas não voltem a ser como antes. Não quero dizer apenas que podemos estar prestes a assistir a uma série de julgamentos em que caros advogados de defesa garantirão a absolvição dos culpados e dos inocentes (acho tão difícil acontecer isso quanto vermos atendida a urgência de ocorrer um processo justo para todas as denúncias, uma vez que é sabido que, em todo o mundo, a lei tem um histórico manchado de permitir que homens ricos saiam ilesos).

    Também quero dizer que, em alguns aspectos, o movimento Me Too se encaixa desconfortavelmente bem nos argumentos deste livro. Como tentei mostrar, voltando a Filomela (que teceu a denúncia de seu estuprador em uma tapeçaria), as mulheres muitas vezes não têm voz ao levantar questões sobre como são tratadas enquanto mulheres e sobre os abusos que sofrem. A hashtag #MeToo fez um barulho agradavelmente alto que, pela primeira vez, ecoou por grande parte do planeta, mas ainda se enquadra nessa movimentação mais ampla. A raiz do assédio que as mulheres sofreram (e a motivação do silêncio de tantas delas diante do ocorrido) certamente está nas estruturas de poder. Sendo assim, o único remédio eficaz está na mudança dessas estruturas. Embora menos de 10% dos diretores dos blockbusters de Hollywood sejam mulheres (foi esse o índice em 2017), os homens continuarão sendo os guardiões do sucesso na indústria cinematográfica, e o grito das mulheres em termos de cultura sexual provavelmente será abafado – por mais alto que essas vozes tenham se levantado agora.

POSFÁCIO

No último ano eu me vi celebrando a coragem das mulheres que se manifestaram. E inevitavelmente prestei mais atenção a questões de estupro e consentimento – e como elas se relacionam com os temas de *Mulheres e poder*, em particular a narrativa e o *storytelling*. Nos dois capítulos do livro, tentei mostrar quão importantes são as histórias embutidas há milênios na cultura ocidental – como a repreensão de Penélope por Telêmaco ou a decapitação da Medusa – para definir, silenciar ou minar as mulheres; tentei revelar as restrições impostas a elas ao construírem a própria narrativa de eventos – como o que se passou com Filomela ou com Lavínia em *Tito Andrônico*, de Shakespeare. À luz do Me Too, tenho pensado mais sobre as histórias que contamos a nós mesmas sobre o que foi feito conosco ou sobre como agimos. Como esses momentos fugazes da experiência humana são convertidos em narrativas que lhes conferem um significado duradouro, seja ele público, político ou pessoal? Não resisti a voltar a meu próprio passado, a quando fui estuprada em um trem noturno entre Milão e Roma, em 1978, e às maneiras como aquele episódio tomou seu lugar em minha história de vida.

O incidente é simples. Eu era estudante de doutorado e estava viajando para passar alguns meses na

Itália, imersa em minha pesquisa. Quando no fim do percurso, tarde da noite, eu precisava apenas trocar de trem em Milão. Estava muito cansada, levando mais bagagem do que conseguia carregar sozinha, mas ansiosa para praticar meu italiano rudimentar enquanto esperava no bar da estação pela minha conexão.

Conversei com um homem que dizia ser arquiteto, que me contou que estava projetando uma fábrica de biscoitos nos arredores de Nápoles. Observando minha exaustão, pegou minha passagem e disse que conseguiria para mim um leito para a viagem (meu bilhete era de assento comum). Voltando com a nova passagem, ele me ajudou a carregar as malas para o trem.

Hoje, olhando para trás, tudo me parece previsível, mas na hora eu não estava desperta o suficiente para identificar seu plano: o que ele realmente comprou foi uma passagem de primeira classe para um leito com duas camas (na época, opção particularmente luxuosa de vagão-dormitório). Uma vez lá, ele tirou minha roupa, me estuprou e se retirou para o beliche de cima. Acordei nos arredores de Roma com aquele homem em cima de mim novamente – antes que ele me deixasse com certo comissário de bordo para receber uma xícara de café e desembarcar na plataforma em Roma.

POSFÁCIO

Eu não gritei, não fugi e não lutei contra ele durante o ocorrido. Isso em parte porque estava muito cansada e não vi como conseguir ajuda no momento – certamente não seria com o desprezível comissário do vagão-dormitório –, em parte porque só queria que tudo terminasse o mais depressa possível. Além disso, eu havia dividido minha preciosa tese e minhas anotações em diferentes malas (uma confiança equivocada no ditado "não coloque todos os ovos na mesma cesta"), e isso impossibilitava qualquer fuga rápida sem deixar para trás meses de trabalho. Não o denunciei quando cheguei a Roma porque acreditava, e ainda hoje suspeito, que nada aconteceria, principalmente porque eu não tinha hematomas para provar que havia resistido. E não posso afirmar que fiquei muito traumatizada com a experiência. Eu tive sorte. As vítimas reagem de formas diferentes. Não fiquei com medo de trens italianos ou de estar em estações tarde da noite – para compartilhar a piada que costumava me fazer sorrir para mim mesma – nem ganhei qualquer aversão a biscoitos italianos. Mas eu fiquei e continuo com raiva. Em nenhuma acepção do termo eu *consenti* (na segunda vez que ele me estuprou eu estava dormindo, pelo amor de Deus).

Cerca de vinte anos depois, refleti sobre esse incidente em um ensaio na *London Review of Books* (LRB), motivada por um novo livro cujo argumento era de que a coerção sexual deveria ser entendida através das lentes da biologia evolutiva (modo de o macho maximizar suas chances de sucesso reprodutivo...!). Minha experiência certamente sustentou minha crítica a esse argumento particular, mas eu também aproveitei a chance de expor algumas décadas de reflexões sobre o que havia acontecido comigo. Eu estava intrigada pelas diferentes maneiras como até então eu mesma contara e recontara a história para mim e para os outros. Por vezes, reiterei, como acabei de fazer, que havia sido *estuprada*, com toda a impotência que o verbo passivo sugere. Ao mesmo tempo eu era capaz de acreditar em algumas versões surpreendentemente "alternativas".

Como eu disse em 2000, a primeira delas foi a troca de "estupro" para "sedução", em que não teria sido dominada nem coagida; o que quer que tivesse acontecido no bar da estação equivalia a "persuasão" ou a uma escolha minha. Aliás, foi nesse sentido a primeira versão eufemística que escolhi para contar a amigos quando cheguei a Roma: eu havia sido "apanhada" em

Milão e acabei na cama com o cara do trem. Nunca mencionei o termo "estupro". Mas também cheguei a dar sentido a todo o incidente como parte atuante da história: o perfeito encontro sexual entre completos estranhos, acontecendo não em um lugar específico, mas em movimento, num local mais ou menos exótico (ou pelo menos com ressonância cinematográfica): um vagão-leito. Nessa versão, qualquer movimento sedutor teria sido feito, ainda que inadvertidamente, por mim; o triunfo era meu.

Outro período de quase vinte anos se passou e, em meio a outros discursos sexuais, sinto-me simultaneamente orgulhosa e envergonhada dessas narrativas autocapacitadoras. Quanto mais leio agora sobre padrões de estupro, mais percebo que o "homem da fábrica de biscoitos" muito provavelmente era um criminoso em série. Será que eu realmente achava que seu comportamento era um oportunismo único ou uma paixão à primeira vista? A alteração da minha passagem e o trato assustadoramente conivente do comissário certamente indicam que não havia sido a primeira vez, e provavelmente nem a última, que ele agia daquela forma.

Também comecei a me perguntar que tipo de histórias ele contava a si mesmo ou a amigos. Teria ele contado sobre o encontro decadente, como eu o fiz ocasionalmente, como uma foda casual "glamorosa"? Quando ele chegou a Nápoles mais tarde naquela manhã, será que ficou satisfeito consigo mesmo, um pouco desconfortável ou nem parou para pensar no que havia feito? Ele se reconheceria em minha versão, na qual ele aparece como estuprador?

Tenho perguntas semelhantes sobre alguns dos comportamentos relatados no contexto do Me Too. Presumindo que as alegações são verdadeiras, questiono como esses homens explicam a si mesmos o que fizeram. Imagine que você passou dez minutos pela manhã forçando uma mulher a entrar numa suíte de hotel e a agrediu. Como você se sentiria em relação a si mesmo (e à vítima) ao voltar para casa? Alguns homens, sem dúvida, preparariam um gim-tônica, sentindo pouco mais do que uma mistura agradável de sucesso e triunfo. Mas meu palpite é que a maioria deles mal refletiria sobre a própria crueldade sórdida, exceto reprocessando mentalmente o encontro numa versão distorcida e egoísta: algo como "não pude evitar", ou "ela estava pedindo pra acontecer", ou mesmo "eu mereci".

E é por isso que devemos prestar mais atenção às narrativas dos homens hoje sob acusação. Não estou sugerindo nem por um minuto que deveríamos oferecer a eles um espaço público para se explicar, para abafar a voz das vítimas (haveria tons da srta. Triggs nisso). Não tenho intenção de livrá-los da responsabilidade. Mas penso que, a menos que possamos ouvir a versão deles sobre os eventos, não temos como contestá-la nem como expor o abuso e as hierarquias corrosivas nas quais ele se baseia. Poder significa muitas coisas no mundo do Me Too. Certamente significa capacitar as mulheres a contar suas histórias sem medo.

Mas também significa nosso poder de desafiar e mudar as histórias que propiciam álibis a esses homens – e muitos deles, convenhamos, provavelmente acreditam no discurso que constroem. Nosso objetivo certamente não é apenas punir os culpados; é, mais importante para o futuro, garantir que essas histórias egoístas não mais pareçam plausíveis – nem mesmo para aqueles que as contam a si mesmos. De uma vez por todas, "ela não estava pedindo pra acontecer"!

Setembro de 2018

REFERÊNCIAS E OUTRAS LEITURAS

Todos os textos clássicos mencionados estão disponíveis em traduções em inglês, tanto em versões impressas quanto on-line. Podem ser facilmente encontrados na Loeb Classical Library (Harvard University Press) e na Perseus Digital Library (http://www.perseus.tufts.edu/hopper/). São também úteis as traduções atualizadas publicadas pela Penguin Classics.

Capítulo 1

A repreensão de Penélope está em Homero, *Odisseia* 1, 325-64. A fantasia "hilariante" de Aristófanes é *Ecclesiazousai* (*A assembleia das mulheres* ou *A revolução das mulheres*). A história de Io é contada por Ovídio em *Metamorfoses* 1, 587-641, e a de Eco, em *Metamorfoses* 3, 339-508. Valério Máximo é o antologista romano que discute a fala das mulheres em público (em *Nove livros de feitos e ditos memoráveis* 8, 3). A versão mais famosa do discurso de Lucrécia é de Lívio, *História de Roma* 1, 58. A história de Filomela é contada em *Metamorfoses* 6, 438-619. O guru do século II d.C. é Plutarco, que se refere à voz das mulheres em *Conselhos a um noivo e uma noiva* 31 (= *Moralia* 142d). Para o velho chavão romano *vir bonus dicendi peritus*, ver Quintiliano, *Manual de oratória* 12, 1. Aristóteles discute as implicações do tom de voz em sua *História dos animais* 5, 7 (786b-8b) e em *Fisiognomia* 2 (806b). A aflição da comunidade em que os homens falam como as mulheres é discutida por Dião Crisóstomo, *Discursos* 33, 38. Para uma discussão mais aprofundada de discurso de gêneros e silêncio no mundo clássico, ver *Making Silence Speak: Women's Voices in Greek Literature and Society*, editado por A. P. M. H. Lardinois e Laura McClure (Princeton, NJ, 2001) e Maud W. Gleason, *Making Men: Sophists and Self-Presentation in Ancient Rome* (Princeton, NJ, 1995).

A autenticidade do discurso de Elizabeth I em Tilbury tem sido muito contestada. Susan Frye, em "The Myth of Elizabeth at Tilbury", *Sixteenth-Century Journal* 23 (1992) 95-114, dá bons motivos de ceticismo e inclui o texto-padrão – ver também http://www.bl.uk/learning/timeline/item102878.html. A vida de Sojourner Truth é discutida por Nell Irvin Painter, *Sojourner Truth: A Life, a Symbol* (Nova York, 1997); as variantes do discurso estão disponíveis em http://wonderwombman.com/sojourner-truththe-different-versions-of-aint-i-a-woman/. O ensaio de Henry James "The Speech of American Women" está incluído em *Henry James on Culture: Collected Essays on Politics and the American Social Scene*, editado por Pierre A. Walker (Lincoln & London, 1999), 58-81. Para outras citações, ver Richard Grant White, *Every-Day English* (Boston, 1881) 93, e William Dean Howells, "Our Daily Speech", *Harper's Bazaar* 1906, 930-4, comentado por Caroline Field Levander, *Voices of the*

Nation: Women and Public Speech in Nineteenth Century American Literature and Culture (Cambridge, 1998). Estimativas precisas dos níveis de assédio on-line são notoriamente difíceis, e há o permanente problema da relação entre incidência real e relatada; mas uma análise útil e recente, com ampla bibliografia, é a de Ruth Lewis *et al.*, "Online Abuse of Feminists as an Emerging Form of Violence Against Women and Girls", *British Journal of Criminology*, publicado em setembro de 2016, disponível em https://academic.oup.com/bjc/article57/6/1462/2623986. A mutilação da cabeça de Cícero por Fúlvia é descrita por Cássio Dião em *Roman History* 47, 8, 4.

Capítulo 2

A afirmação de que Clitemnestra é *androboulon* é explicitada em Ésquilo, *Agamêmnon* 11. Adrienne Mayor, em *The Amazons: Lives and Legends of Warrior Women Across the Ancient World* (Princeton, NJ, 2014), oferece uma discutível visão alternativa das amazonas (mas não me convence). A tradução de Greer de *Lisístrata* está em G. Greer e P. Wilmott, *Lysistrata: The Sex-Strike* (Londres, 1972); *Looking at Lysistrata: Eight Essays and a New Version of Aristophanes' Provocative Comedy*, publicado por David Stuttard (Londres, 2010), é uma boa introdução para as questões da peça. Uma versão clássica antiga da história de Medusa é de Ovídio, em *Metamorfoses* 4, 753-803. As principais tentativas de recuperar a história de Medusa incluem: H. Cixous, "The Laugh of the Medusa", *Signs* 1 (1976), 875-93, e *Laughing with Medusa*, publicado por Vando Zajko e Miriam Leonard (Oxford, 2006). Uma útil coleção de ensaios é *The Medusa Reader*, editada por Marjorie Garber e Nancy J. Vickers (Nova York o Abingdon, 2005). As opiniões a respeito da Fawcett Society na Assembleia galesa estão sintetizadas em https://humanrights.brightblue.org.uk/fawcett-society-written-evidence/ ("mulheres legisladoras foram responsáveis por abordar a assistência à infância em 62% das vezes em que o tema foi debatido, por abordar a violência doméstica em 74% das vezes e a paridade salarial em 65% das vezes").

Posfácio

Estatísticas sobre mulheres na indústria cinematográfica podem ser encontradas em Martha M. Lauzen, "The Celluloid Ceiling: Behind-the-Scenes Employment of Women on the Top 100, 250 and 500 Films of 2017", *The Celluloid Ceiling Report 2018*, disponível em: http://womenintvfilm.sdsu.edu. O relato de minha viagem de trem de Milão a Roma está na *London Review of Books*, 24 de agosto de 2000, 34-5.

AGRADECIMENTOS

Foi minha amiga Mary-Kay Wilmers, editora do *London Review of Books*, quem primeiro idealizou o tema das palestras que se tornariam a base deste livro e que as encomendou para a série de conferências do *LRB* no British Museum, em 2014 e 2017. Meus agradecimentos vão para ela, para toda a equipe do *LRB* e para a BBC, que levou ao ar, na televisão e no rádio, uma versão do que expus (para que conste, a primeira palestra foi a única de minhas aventuras televisivas que o falecido A. A. Gill realmente apreciou). Ao longo do processo, muitas outras pessoas ajudaram a levar a cabo esta publicação. Como sempre, Peter Stothard teve a generosidade de compartilhar seus conhecimentos (tanto dos clássicos como da política contemporânea); Caterina Turroni me auxiliou na última fase, e nas últimas palavras, enquanto trabalhávamos juntas num projeto completamente diferente; minha família – Robin, Zoe e Raphael Cormack – ouviu com paciência muitas versões de ensaios das palestras, por semanas a fio (e Raphael logo insistiu para que eu relesse *Terra das Mulheres*); Debbie Whittaker foi indispensável; e todas as pessoas em Profile, inclusive Penny Daniel, Andrew Franklin e Valentina Zanca, foram generosas, eficientes e pacientes como sempre. Não posso deixar de recordar que, nos primeiros anos da década de 1980, Chloe Chard e eu redigimos um artigo questionando por que era tão raro ver palestras de mulheres em seminários universitários; ninguém quis publicá-lo. Alguns dos pontos aqui examinados originaram-se de conversas com Chloe.

Mais que a todos, devo agradecer a Helen Morales, minha antiga colega em clássicos no Newnham College de Cambridge, hoje professora na Universidade da Califórnia, em Santa Barbara. Discutimos, em longos telefonemas transatlânticos, as questões, clássicas ou não, do poder e da voz das mulheres. Entre muitas outras coisas, ela direcionou minha atenção para as imagens de Medusa. Este livro é para ela.

LISTA DE IMAGENS

1. Imagem de vaso vermelho do século V a.C. que representa Penélope e seu filho Telêmaco em Ítaca, exposto no Museu Nacional, em Chiusi. Foto: DEA Picture Library/De Agostini/Getty Images), p. 17.

2. "Excelente sugestão, srta. Triggs", charge que representa uma reunião sexista, de Riana Duncan, *Punch*, 8 de setembro de 1988. Foto: © Punch Limited, p. 19.

3. *Io, transformada em vaca, é entregue a Juno por Júpiter*, pintado por David Teniers, 1638, exposto no Kunsthistorisches Museum, Viena, Áustria. Foto: Wikimedia, p. 22.

4. *Eco e Narciso*, pintado por John William Waterhouse, 1903, exposto na galeria Walker Art, Liverpool. Foto: Superstock/Getty Images, p. 24.

5. O estupro de Lucrécia por Sexto Tarquínio e seu suicídio: grande miniatura numa folha de álbum com iluminuras amicorum, *c.* 1550. Foto: Sotheby's, p. 26.

6. Tela de Pablo Picasso *Briga entre Tereu e sua cunhada Filomela* (1930), em *Metamorfoses*, de Ovídio. Foto: © Succession Picasso/DACS, Londres, 2017, p. 27.

7. Xilogravura de Hortênsia defendendo sua causa perante o triunvirato, de uma tradução alemã de *Mulieribus Claris*, de Giovanni Boccaccio, *c.* 1474. Foto: Penn Provenance Project/Wikimedia, p. 30.

8. A rainha Elizabeth I (1533-1605) a cavalo, passando em revista as tropas em Tilbury, *c.* 1560. Foto: Hulton Archive/Getty Images, p. 34.

9. Sojourner Truth, *c.* 1879, Randall Studio. Foto: Alpha Historica/Alamy, p. 37.

10. Jacqui Oatley recebendo um diploma honorário, 2016. Foto: Express & Star, Wolverhamption, p. 43.

11. Edward Burne-Jones, *Filomela*. Xilogravura em papel-bíblia. Prova de ilustração feita para "The Legend of Goode Wimmen", 1896, de Kelmscott Chaucer, p. 441, Foto: The British Museum Online Collection/Wikimedia, p. 52.

12. *Fúlvia com a cabeça de Cícero*, óleo sobre tela de Pavel Svedomsky, *c.* 1880, exposto no Pereslavl-Zalessky History and Art Museum. Foto: Wikimedia Commons, p. 54.

13. Capa de *Herland*, de Charlotte Perkins Gilman, originalmente publicado em 1915 pela revista *The Forerunner* e em livro, nos Estados Unidos, por Pantheon Books, abril 1979, p. 59.

14. A chanceler alemã Angela Merkel e a ex-secretária de Estado Hillary Clinton na Chancelaria em Berlim, Alemanha, 9 de novembro de 2009. Foto: Action Press/REX/Shutterstock, p. 62.

15. *Clitemnestra, nas muralhas de Argos, aguarda os sinais luminosos que devem anunciar a volta de Agamêmnon*, óleo sobre tela de Frederic Leighton, c. 1874. Foto: Leighton House Museum, Kensington & Chelsea, Londres, Reino Unido/ Bridgeman Images, p. 68.

16. Terracota; vaso clássico, vermelho sobre fundo branco, que representa o combate entre gregos e amazonas, c. 420 a.C. Foto: Rogers Fund, 1931/ Metropolitan Museum, Nova York, p. 70.

17. Ânfora com figura, em preto, c. século VI a.C., que representa Aquiles matando Pentesileia. Foto: The British Museum, p. 71.

18. Cartaz para produção teatral de *Lisístrata*, desenhado por e reproduzido com a permissão de Katie Metz, p. 73.

19. Cena da produção teatral de *Lisístrata*, Long Beach Playhouse, Califórnia, 2016. Foto: Michael Hardy, p. 74.

LISTA DE IMAGENS

20. Miniatura romana, cópia da estátua de Atena no Parthenon, exibida no Museu Arqueológico Nacional, Atenas. Foto: akg-images, p. 76.

21. Jarro de duas alças que representa o nascimento de Atena, *c.* 540 a.C. Foto: Henry Lillie Pierce Fund/Museum of Fine Arts, Boston/Bridgeman Images, p. 79.

22. *Perseu com a cabeça de Medusa* (1545-1554), bronze de Benvenuto Cellini, localizado na Loggia dei Lanzi da Piazza della Signoria em Florença, Itália. Foto: akg-images, p. 81.

23. Michelangelo Merisi da Caravaggio, *Medusa* (1597), em exposição no Palácio do Planalto, Distrito Federal, Brasil. Foto: Sérgio Lima/Folhapress. Dilma Rousseff como Medusa, p. 83.

24. (alto) Michelangelo Merisi da Caravaggio, *Medusa* (1597), em exposição na Galeria Uffizi, Florença, Itália. Foto: Wikimedia. (centro) Angela Merkel como Medusa. (embaixo) Hillary Clinton

como Medusa. Os dois últimos são memes da internet, p. 85.

25. *Perseu com a cabeça de Medusa*, de Cellini, revisto, que retrata, respectivamente, Donald Trump e Hillary Clinton. Foto: meme da internet, p. 86.

26. "Bolsada", de Gerald Scarfe, que representa Margaret Thatcher acabando com Kenneth Baker, MP © Gerald Scarfe, sob permissão, p. 88.

27. Alicia Garza, Patrisse Cullors e Opal Tometi, fundadoras do movimento Black Lives Matter, recebem o prêmio Glamour Women of the Year 2016, Los Angeles, Califórnia. Foto: Frederick M. Brown/Getty Images, p. 95.

28. Capa de *With Her in Ourland*, continuação de *Herland*, de Charlotte Perkins Gilman, originalmente publicado em capítulos mensais na revista *The Forerunner*, em 1916. Republicado por Greenwood Books, EUA, 1997, p. 97.

LISTA DE IMAGENS

Embora todos os esforços tenham sido feitos para entrar em contato com os detentores dos direitos das ilustrações, a autora e os editores agradecem eventuais informações relacionadas a qualquer ilustração que não conseguiram rastrear e de bom grado farão correções em edições futuras.

ÍNDICE REMISSIVO

Verbetes em *itálico* referem-se a imagens.

Abbott, Diane 100, 101, 102
Afrânia 23
Amazonas 69, 70, 75, 109
    Pentesileia 71
Antígona 66
Aquiles 71, 81
Aristófanes 20, 21, 106
    Lisístrata 69, 70, 71, 72, 73, 72, 96 109
Aristóteles 32, 106
Atena 72, 75, 76, 77, 78, 79, 117

Baker, Kenneth 88
Boccaccio, Giovanni 30
Burne-Jones, Edward Coley

Caravaggio, Michelangelo Merisi da 78, 79, 80, 82, 83, 85
Cellini, Benvenuto 80, 81, 82
Cícero, Marco Túlio 32, 51, 54, 108

Clinton, Hillary 35, 62, 63, 82, 84, 85, 86, 102
Clitemnestra 66, 67, 68, 89, 109,
Crisóstomo, Dião 29, 106
Cullors, Patrisse 95

Dick, Cressida 65

Eco 21, 24, 106
Elizabeth I 33, 34, 35, 48, 63, 107
Ésquilo, *Agamêmnon* 67, 109

Filomela 25, 27, 39, 50, 52, 53, 106
Freud, Sigmund 78
Fúlvia 51, 54, 108

Garza, Alicia 95
Google 40, 61

Greer, Germaine 72, 109

@Headlessfemalepig 47
Homero, *A Odisseia* 15, 16, 103, 106
    Penélope 15, 16, 17, 18, 53, 103, 106
    Telêmaco 15, 16, 17, 18, 20, 28, 36, 53, 103
Hortênsia 25, 30

Io 21, 22, 38, 106

James, Henry
    Os Bostonianos 38
Johnson, Boris 100, 101, 102
Júlio Cesar 51
Juno 22
Júpiter 21, 22

Leighton, Frederic 68
Lucrécia 23, 25, 26, 106

May, Theresa 80, 87, 99
McCarthy, Melissa 63
Mécia 23, 32, 48
Medeia 66
Medusa 76, 77, 78, 80, 81, 82, 84, 85, 86, 96, 109
Merkel, Angela 62, 63, 80, 83, 85

Narciso 21

Oatley, Jacqui 41, 43

Obama, Barack 32, 82, 99
Ovídio
    Metamorfoses 21, 50, 106, 109

Pankhurst, Emmeline 35,
Perkins Gilman, Charlotte
    Herland 57, 58, 67, 96, 98
    With Her in Ourland 96, 97
Perseu 78, 80, 81, 82, 84, 86, 93
Poseidon 77, 78
Professora Holly 61
Punch 18, 44

Rousseff, Dilma 80, 82, 83

Sanders, Bernie 36, 38
Scott King, Coretta 36
Sexto Tarquínio 26
Shakespeare, William
    Tito Andrônico 25, 50
    Lavínia 25, 50
Spicer, Sean 63
Srta. Triggs 18, 19, 44, 48, 49, 53
Svedomsky, Pavel, *Fúlvia com a cabeça de Cícero* 54

Ulisses 15

Teniers, David
    Io, transformada em vaca, é entregue a Juno por Júpiter 22

Thatcher, Margaret ix, 9, 49, 87, 88, 89, 96
Tometi, Opal 95
Trump, Donald 32, 63, 82, 84, 86, 93
Truth, Sojourner 35, 36, 37, 107
Twitter 18, 44, 45, 46, 47, 94, 100

Versace 96

Warren, Elizabeth 36
Waterhouse, John 21,
William, Eco e Narciso 24

Zeus 75, 77, 79

SOBRE A AUTORA

A inglesa Mary Beard é professora de Estudos Clássicos na Universidade de Cambridge. Vem estudando a história de Roma há mais de trinta anos e já publicou vários livros, mas *SPQR: Uma história da Roma Antiga* é considerada a sua obra-prima. É editora de clássicos do suplemento literário do jornal *The Times*. Produziu e apresentou inúmeros documentários sobre Roma na BBC.

Leia também, de Mary Beard:

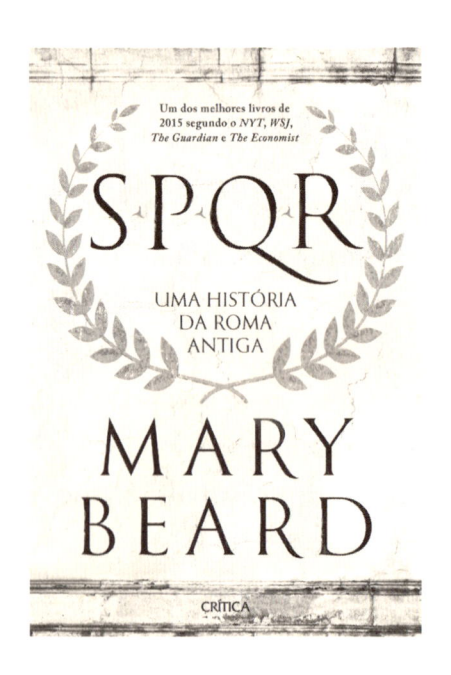

SPQR

UMA HISTÓRIA DA ROMA ANTIGA

MARY BEARD

Cobrindo mil anos da história romana, *SPQR* revela em detalhes como Roma cresceu de uma vila insignificante na Itália central para se tornar a primeira potência global. A inglesa Mary Beard, professora de Cambridge e autora de vários best-sellers, pesquisa o Império Romano há mais de trinta anos. A partir de inúmeras leituras, estudos de arqueologia e de documentos escritos em pedras e papiros, ela faz uma análise eloquente dessa história e mostra o que os romanos pensavam sobre si mesmos e suas realizações. SPQR é a abreviação que os próprios romanos adotaram para seu Estado: "*Senatus PopulusQue Romanus*", ou "O Senado e o Povo de Roma". Nesse livro, Beard detalha como foram formadas a identidade e a cidadania romanas e mostra por que essa cultura ainda influencia o mundo no século XXI. Com cerca de cem ilustrações e inúmeros mapas, *SPQR* ficou mais de um ano em listas de best-sellers nos Estados Unidos e na Europa.

Editora Planeta Brasil | 20 ANOS

Acreditamos nos livros

Este livro foi composto em Elena Basic e Futura e impresso pela Geográfica para a Editora Planeta do Brasil em fevereiro de 2023.